Über die (Un)Möglichkeit der Katharsis
im zeitgenössischen Drama und Theater

Über die (Un)Möglichkeit der Katharsis im zeitgenössischen Drama und Theater

Fallstudien

Herausgegeben von
Paul Martin Langner und Agata Mirecka

2025
Harrassowitz Verlag · Wiesbaden

Abbildung auf dem Umschlag: Designed by Freepik, www.freepik.com

Dieses Buch entstand im Rahmen des wissenschaftlichen Projektes: *Forschung zu zeitgenössischem Drama und Theater im deutschsprachigen Raum und im europäischen Kontext. Internationales Forschungsprojekt* an der Universität der Kommission für Nationale Bildung in Krakau in Polen (www.fg.uken.krakow.pl).

Der Band wurde im double-blind Peer Review-Verfahren begutachtet von Prof. Dr. Andreas Englhart (Institut für Theaterwissenschaft, Ludwig-Maximilians-Universität München).

Bibliografische Information der Deutschen Nationalbibliothek
Die Deutsche Nationalbibliothek verzeichnet diese Publikation in der Deutschen Nationalbibliografie; detaillierte bibliografische Daten sind im Internet über https://www.dnb.de abrufbar.

Bibliographic information published by the Deutsche Nationalbibliothek
The Deutsche Nationalbibliothek lists this publication in the Deutsche Nationalbibliografie; detailed bibliographic data are available on the internet at https://www.dnb.de.

Informationen zum Verlagsprogramm finden Sie unter
https://www.harrassowitz-verlag.de/

Kreuzberger Ring 7c–d, 65205 Wiesbaden,
produktsicherheit.verlag@harrassowitz.de

Gedruckt auf alterungsbeständigem Papier.
Druck und Verarbeitung: docupoint, Magdeburg
Printed in Germany

ISBN 978-3-447-12459-1 eISBN 978-3-447-39741-4

Inhalt

TEIL III
Katharsis und ihre emotionale Wirkung im Drama

Einleitung

Paul Martin Langner und Agata Mirecka

Die Frage nach der Möglichkeit oder Unmöglichkeit der Katharsis im zeitgenössischen Drama und Theater ist sowohl eine theoretische als auch eine praktische Herausforderung. Die in diesem Band versammelten Beiträge untersuchen Katharsis als einen vielschichtigen Prozess, der nicht nur mit der aristotelischen Tradition verknüpft ist, sondern auch in modernen und postdramatischen Theaterformen neue Bedeutungsebenen erlangt. Die klassische Vorstellung, dass Theater durch Mitleid und Furcht eine reinigende Wirkung auf das Publikum ausüben soll, wird heute von zahlreichen Ansätzen und Inszenierungen problematisiert, weiterentwickelt oder gar dekonstruiert. Dieser Band widmet sich der Frage, inwieweit das Konzept der Katharsis noch in der Lage ist, die Erfahrung des modernen Theaterzuschauers zu erfassen und welche neuen kathartischen Mechanismen in aktuellen Dramen und Inszenierungen zu beobachten sind.

Artak Grigorjan und Allan Janik haben in ihrem Text *Katharsis: ein Manifest für das Theater?* die Rolle dieses aristotelischen Phänomens in Bezug auf das gegenwärtige Theater in der Krise unter-sucht genommen, aber vorerst eine Reflexion geäußert, die auch nicht ohne Bedeutung im Hinblick auf die Fragestellung in diesem Band bleibt: „Theaterkrise könnte man als eine Art Sackgasse bezeichnen, die uns verwirrt und uns dadurch drängt, innezuhalten, um über unseren Weg nachzudenken. Das Paradoxon liegt darin, dass eine Sackgasse den Weg weiter versperrt, aber gleichzeitig uns daran erinnert, dass Fortschritt nicht ausschließlich und/oder zwangsläufig aus Vorwärtsbewegung besteht. Den Ausweg aus der Sackgasse zu finden, impliziert immer, denselben Weg vielleicht sogar bis zum Ursprung zurückzugehen, um, mit der Erfahrung der Krise, den neuen Weg herauszufinden. Also ist es nicht vergebens, dass das Theater häufig in die Antike zurückgreift, um sich neu zu orientieren."[1]

Die Zukunft der Kategorie der Katharsis im literarischen Drama und auf der Bühne hängt unmittelbar von der Entwicklung zeitgenössischer Ästhetiken, gesellschaftlicher Forderungen und medialer Formate ab.

Das klassische aristotelische Verständnis der Katharsis – als Reinigung durch Mitleid und Furcht – entwickelte sich während des 18. Jahrhunderts wobei die christlichen Aspekte der Caritas, der Mildtätigkeit gegenüber anderen, in immer stärkerem Maße die Vorstellung der Verantwortung gegenüber Anderen mit einem individuellen Impuls, aus dem diese Verpflichtung einer christlich-moralischen Verbindlichkeit entsprang, verband. Dass dieser aufklärerische Ansatz in den gegenwärtigen Entwicklungen der westlichen Gesellschaften einen anderen Stellenwert einnimmt,[2] gibt Anlass, über die soziale Formation der Gegenwart zu reflektieren, die sich entsprechend in modernen Theaterformen und Inszenierungen der Gegenwart bricht. Dieser gesellschaftlich-kulturelle

1 Grigorjan, Artak; Janik, Allan: Katharsis: ein Manifest für das Theater? https://ulb-dok.uibk.ac.at/download/pdf/478046.pdf (Zugriff am 19.02. 2025).

2 Meier, Albert: Poetik. In: Grundzüge der Literaturwissenschaft. Hg. von Heinz Ludwig Arnold u. a. München: dtv 2008, S. 205–218, hier S. 215–216; Langner, Paul Martin: Aspekte der Rezeption des Katharsis-Begriffs zwischen 1750 und 1830. In: In gebrochener Synthese. Beiträge zur Literatur, Kultur und Sprache. Festschrift für Prof. Dr. habil. Klaus Hammer. Hg. von Barbara Widawska u. a. Słupsk: Wydawnictwo Naukowe Akademii Pomorskiej 2009, S. 39–47, hier S. 39.

Kontext bildet einen der Hintergründe der in diesem Band versammelten Beiträge.

Auf der Seite der theatertheoretischen Formen und Kategorien ist zu bemerken, dass im postdramatischen Theater die geschlossene Handlung als verbindliche Struktur nicht mehr nachweisbar ist, stattdessen eine fragmentierte, oft performative Ästhetik in den Vordergrund rückt. Die Katharsis kann hier nicht mehr auf die traditionelle Weise erzeugt werden, sondern vollzieht sich über Irritationen, Reflexionen oder immersive Erlebnisse, die das Publikum affektiv und intellektuell fordern.

Moderne Dramen und Performances können gezielt emotionale Identifikation oder Distanzierungstechniken nutzen, um kathartische Wirkungen beim Publikum zu erzeugen, die sich nicht nur auf Mitleid und Furcht stützt, sondern auch auf Trauma, Scham, Wut oder Hoffnung. Angesichts globaler Krisen (soziale Ungleichheit, Krieg u. a.) strebt das gegenwärtige Theater eine gesellschaftlich-politische Katharsis an. Theaterstücke, die auf Spielweisen des epischen Theaters, dem Dokumentartheater, Performances, Aktivismus oder transkulturelle Narrationen setzen, schaffen eine veränderte Art der emotionalen Läuterung – oft nicht als Auflösung, sondern als Konfrontation und Reflexion. Beispiele finden sich im *Theater der Unterdrückten* (Augusto Boal) oder im sozial engagierten Theater von Milo Rau.

Aber auch die räumliche Konstitution von Inszenierungen auf vielfältigen Formen von Bühnen hat einen Einfluss auf die kathartischen Wirkungen, die als Konsequenz aus der Auflösung der Handlung zu sehen ist. Denn die Bühne existiert längst nicht mehr nur physisch. Traditionelle Raumkonstruktionen auf der Bühne, wie dem Zimmer, Straßen oder „freie Felder“, weichen Vorstellungen sprachlich oder gestisch konstituierter Räume, die nicht der Dreidimensionalität unterliegt, sondern als vielschichtig konditionierte Spiel- oder Aktionsfläche konfiguriert sind. Auch die Begrenzung der Bühne als vom Zuschauerraum abgetrennter

Illusionsraum zur unnachgiebigen Inklusion der Zuschauer inkl. ihrer szenischen Mitwirkung schaffen veränderte Bedingungen des Ablaufs des Theaterereignisses und der Effekte für den Betrachter. Hinzukommen mediale Komponenten, die auf der Ebene der Inszenierung an Bedeutung gewinnen. Filmische Projektionen, Streaming-Performances, digitale Narrative und transmediale Experimente (z. B. TikTok-Theater, AI-generierte Dramen) stellen zusätzlich die Frage, ob und wie Katharsis im digitalen Raum aufkommen kann. Kann eine tiefe emotionale Reinigung auch durch distanzierte, elektronische oder interaktive Medien oder künstliche Intelligenz erzeugt werden? Oder wird sie durch die Fragmentierung und die hohe Dynamik digitaler Inhalte erschwert?

In diesem Umgestaltungsprozess sind auch Kategorien, wie die Hybridisierung von Figuren im gegenwärtigen Drama zu bedenken. Waren über die Figur im konventionellen Theater die Aspekte der Identifikation gebunden, so sind Schauspieler:innen in zahlreichen Stücken der Gegenwart als Sprecher:innen oder Textträger:innen eingesetzt oder zu verstehen, so dass dem Zuschauenden die Figur als Identifikationsmöglichkeit entzogen ist. Trotz dieser Modifikation der Figur kann die Anteilnahme des Betrachters /der Betrachterin durch sprachliche oder gestische Mittel angeregt werden.

Fallen orientierende oder identifikatorische Mittel aus dem Wirkungsbereich der Katharsis in gegenwärtigen Dramen oder Inszenierungen aus, so hat selbst die Einheit der Zeit, als einem der klassischen Elemente des Dramas, das die Sukzession der Handlung oder des Ereignisses fundiert, keine notwendige Relevanz, um eine kathartische Wirkung zu erzeugen. Die Pluralität zeitlicher Vorgänge im Gegenwartsdrama öffnet vielmehr eine Vorstellung von der Komplexität des Textes oder Bühnengeschehens und löst einen monokausalen oder eurozentristischen Blick eines auf der Bühne gezeigten Vorgangs nachhaltig auf.

Die Beiträge des Bandes belegen, dass die Idee der Katharsis für das Drama und die Bühne weiterhin relevant, doch ihre Ausdrucksformen verändern sich. Während sie sich in klassischen Tragödien durch geschlossene narrative Strukturen manifestierte, erscheint sie heute pluralisiert, hybrid und oft fragmentarisch. Sie kann sowohl durch Irritation als auch durch Mitgefühl entstehen, sowohl als emotionale als auch als intellektuelle oder gesellschaftliche Transformation.

Die Beiträge dieses Bandes entstanden im Rahmen des internationalen Forschungsprojekts *Forschung zu zeitgenössischem Drama und Theater im deutschsprachigen Raum und im europäischen Kontext* an der Universität der Kommission für Nationale Bildung in Krakau in Polen. Das Projekt wird seit 2014 entwickelt und seit dieser Zeit werden intensive internationale Forschungsarbeiten durch die Kooperation von Wissenschaftler:innen verschiedener Disziplinen diskutiert und weiterentwickelt sowie in Form von Konferenzen, Video-Tagungen und wissenschaftlichen Publikationen verbreitet.

Der vorliegende Band versammelt unter der Zielsetzung der Erforschung anhand ausgewählter Fallbeispiele unterschiedliche Formen der Katharsis zu analysieren und kritisch zu hinterfragen. Dabei stehen sowohl klassische Tragödienbearbeitungen als auch innovative postdramatische Theaterformen im Fokus, die neue Wege zu beschreiten und sich auf der Grundlage aktueller Intentionen der Regie von der traditionellen Katharsis-Vorstellung entfernen.

Ein zentraler Aspekt dieser Untersuchungen setzt die konventionelle Interaktion zwischen Zuschauer und Theater außer Kraft. Während in der klassischen Auffassung die kathartische Reinigung als individuelle und innere Erfahrung verstanden wurde, gehen heutige Theaterformen oft weiter und fordern eine aktive Beteiligung des Publikums. Beiträge dieses Bandes diskutieren, inwieweit diese Formen noch als Katharsis im aristotelischen Sinne verstanden werden können oder ob sie vielmehr ein aktualisiertes Konzept von theatralischer Reinigung und Transformation bedingen. Die in diesem Band präsentierten Fallstudien spannen einen weiten Bogen: von der Auseinandersetzung mit historischen Traumata und gesellschaftlichen Umbrüchen über experimentelle Dramen, die das traditionelle Erzählmodell aufbrechen, bis hin zu Stücken, die sich explizit mit politischer und sozialer Katharsis auseinandersetzen. Dabei zeigt sich, dass die Idee der Katharsis in der heutigen Theaterszene nicht obsolet ist, sondern vielmehr eine Transformation durchläuft, die neue Perspektiven auf emotionale, ethische und soziale Prozesse eröffnet.

Mit diesem Band werden die Leser:innen von den Herausgeber:innen eingeladen, sich auf eine Reflexion über die Möglichkeiten und Grenzen der Katharsis im modernen Theater einzulassen. Die ausgewählten Fallbeispiele sollen nicht nur zur wissenschaftlichen Debatte einladen, sondern auch Impulse für die Praxis geben. In einer Zeit, in der Theater als Spiegel gesellschaftlicher Konflikte konfiguriert, bleibt die Frage nach der kathartischen Wirkung aktueller denn je. So gibt **Wolfgang Kissel** in seinem Beitrag grundsätzlichen Einblick in das Konzept aristotelischer Katharsis und analysiert die kathartischen Elemente in Kirill Serebrennikovs Inszenierung der *Kleinen Tragödien* von Aleksandr Puškin. Der Autor bezieht sich auf das kathartische Potenzial des Stücks für die Zuschauer in Moskau, was sich durch folgende Aspekte äußert: „Mitleid für die um Lebenschancen betrogenen Vorgänger und Zeitgenossen, Furcht vor den Konsequenzen verdrängter Verbrechen, die die Gegenwart belasteten." **Karol Sauerland** stellt die Reinigungsprozesse in Tadeusz Kantors *Umarła klasa* als einem wesentlichen Beispiel der polnischen Avantgardebühne dar. Er nennt sie: „Eine Katharsis besonderer Art!", weil er davon ausgeht, dass sie sich zwar durch ihre Abwesenheit äußert, um als Phänomen des Vergangenen bei toten Protagonist:innen wieder sichtbar zu werden. **Agata Mirecka** beleuchtet *Katharsis als emotionaler Respons im dramatischen Text ‚Terror' von Ferdinand von Schirach.* „Obwohl das Drama gegenwärtig ist, folgt es dem klassischen Handlungsablauf von Schuld, Katharsis und Erlösung." Das Publikum ist einbezogen, um die Entscheidung in dieser Theaterform selbst aufgrund ihrer moralischen

Überzeugungen und der vertretenen Mehrheitsverhältnisse als Konsequenz der Handlung integriert wird. **Verena Witschel** reflektiert in ihrem Beitrag die kathartische Wirkung von Walter Jens' *Der Untergang* am Theater Pforzheim. Ihre Analyse beinhaltet folgende Feststellung: „Wenn sich Katharsis zwischen Bühne, Text und Publikum vollzieht, so wurden bisher die Voraussetzungen für die emotionale Konstitution des Subjekts, das die Katharsis erfährt, außeracht gelassen. [...] Versteht man Katharsis als Arbeit an den Emotionen, die über einen ästhetischen Zugang herbeigeführt wird, so ermöglicht der Prozess, Leerstellen stellvertretend zu füllen und Brücken zu bauen." **Julia Lind** widmet sich den Formen des biografischen Theaters und ihrer reinigenden Funktion, außer theoretischen Darstellungen bespricht sie auch das Freie Werkstatttheater in Köln und untersucht die Wirkungsästhetiken, die den eventuellen Katharsis-Raum erfüllen können. Eine Neuinterpretation des Begriffs der Katharsis wird auch von **Joanna Gospodarczyk** in Thomas Köcks Stück *forecast: ödipus, living on a damaged planet* attestiert. Der Autor „verstört [...] den Zuschauer und zwingt ihn zur Erkenntnis seiner eigenen Situation", er reflektiert „den Aspekt der intellektuellen Aufklärung „intellectual clarification"", wie Joanna Gospodarczyk in ihrem Beitrag betont. **Natalia Fuhry** beschreibt die scheinbar reinigende Wirkung des Sprechens in Elfriede Jelineks *Rechnitz* und konzentriert sich auf einen „Ansatz von Katharsis [...]: die psychoanalytische Methode nach Josef Breuer und Sigmund Freud." *Auf der Suche nach kathartischen Elementen in Textflächen zeitgenössischer Dramen mit Blick auf ‚Lärm. Blindes sehen, Blinde sehen' (2020/21) von Elfriede Jelinek* ist der Titel des Beitrags von **Paul Martin Langner**, der ebenfalls auf das Werk von Jelinek eingeht. Die Analyse des Dramas lässt den Autor feststellen: „Der Zuschauer wird durch die anwachsende Textfläche eher verunsichert oder beunruhigt nach dem Sinn fragend zurückgelassen. Die Reaktion auf das Abreißen des Textes könnte kathartische Wirkung beim Zuschauer hervorrufen."

Die oben genannten ganz kurzen Zitate aus den Texten der Beiträger:innen dieses Bandes sollen Impulse provozieren, die die Leser:innen dazu bewegen sollen, die vorgestellten Überlegungen und Analysen zum Konzept der Katharsis aus der Sicht der Forscher:innen und der Wissenschaft der Gegenwart wahrzunehmen und als Leser ein Fazit zu ziehen. Katharsis kann als Element der darstellenden Kunst kaum verschwinden, sondern wird sich je nach den Bedingungen ihrer Gegenwart verwandeln. In einer zunehmend hybriden Theater- und Medienlandschaft wird sie nicht nur über Furcht und Mitleid erzeugt, sondern auch durch Interaktion, Reflexion und neue Formen emotionaler Teilhabe. Dramaturgisch bleibt sie ein zentraler Motor, auch wenn sie nicht mehr zwingend im aristotelischen Sinne verstanden werden kann.

Paul Martin Langner und Agata Mirecka
Wesselburen / Krakau, im Frühling 2025

TEIL I

Historische und klassische Dramen als Spiegel der Katharsis

Die Rückkehr der sowjetischen Untoten als Katharsis

Kirill Serebrennikovs Inszenierung der *Kleinen Tragödien* Aleksandr Puškins

Wolfgang Stephan Kissel

1.

Die russische Gesellschaft wird bis heute von quälenden Erinnerungen an die Gewaltverbrechen der kommunistischen Ära und an Millionen Tote heimgesucht, die im Gulag und während des Großen Terrors umkamen und von denen die meisten in Massengräbern verscharrt wurden. Trotz der intensiven Geschichtsdebatten während der Perestrojka hat sich im postsowjetischen Russland kein stabiler gesamtgesellschaftlicher Konsens über Ausmaß und Schwere der stalinistischen Verbrechen herausgebildet. Im Laufe der neunziger Jahre zeichnete sich vielmehr eine neue staatliche Geschichtspolitik und Erinnerungskultur ab, in deren Zentrum die ritualisierte Feier des Sieges über den Faschismus am 9. Mai stand. Unter der Präsidentschaft Vladimir Putins erstarrte dieser ‚Tag des Sieges' von Jahr zu Jahr mehr zu einem militaristischen Ritual.[1] In den staatlich gelenkten Massenmedien wurden die genaue Zahl und die Namen der Opfer, konkrete Erinnerungen an Täter und Verbrechen syste-

1 Vgl. Kissel, Wolfgang Stephan: Vom Tag der Großen Oktoberrevolution zum Tag des Sieges: Genese und Kontinuität eines totalitären Gedächtnisses in der Sowjetunion und der Russischen Föderation (1917–2022). In: Anzeiger für Slavische Philologie XLIX 2021, S. 9–41.

matisch in den Hintergrund gedrängt. Der Große Terror, die Straflager mit ihren Abertausenden von Insassen wurden hingegen als notwendig für die Verteidigung des russischen bzw. sowjetischen Imperiums erklärt. Parallel zu einer Aufwertung der Geschichte des russischen Imperiums wurde die Arbeit der NGO Memorial, die sich bei ihrer Gründung im Jahr 1989 u. a. den Kampf für die Menschenrechte und ein umfassendes Opfergedenken zum Ziel gesetzt hatte, in der Zeit nach 2000 zunehmend behindert. Doch je weniger eine transparente und gerechte Erinnerung an die Opfer zugelassen wird, desto mehr belasten die Verbrechen der Vergangenheit Gegenwart und Zukunft Russlands.

Vor diesem Hintergrund gewinnen die *Geschichten der Untoten im Land der nicht Begrabenen*, die der Kulturwissenschaftler Alexander Etkind rekonstruiert hat, noch einmal an Bedeutung.[2] Etkind wendet die These von der „Unfähigkeit zu trauern", die die deutschen Psychologen Margarete und Alexander Mitscherlich in den 1960er mit Blick auf die Nachgeschichte der NS-Diktatur formulierten, auf die postsowjetische Gesellschaft an.[3] Als entscheidendes Hemmnis identifiziert er eine „verdrehte Trauer" (warped mourning), die eine wirkliche Auseinandersetzung mit den schweren Verlusten des Zweiten Weltkriegs, aber auch den Verbrechen des Stalinismus blockiert und zu einer Retraumatisierung der jüngeren Generationen geführt habe.[4] Somit sei der postsowjetischen Gesellschaft eine wirksame Therapie vorenthalten geblieben.

Der russische Theater-, Film- und Opernregisseur Kirill Serebrennikov hat die herrschende Verdrängung der Vergangenheit und die Rückkehr der Untoten aus sowjetischer Zeit zu einem der zentralen Themen seiner Inszenierungen gemacht. Während seiner Jahre als

2 Vgl. Etkind, Alexander: Warped Mourning: Stories of the Undead in the Land of the Unburied. Stanford, California: Stanford University Press 2013.

3 Ebd., S. 46–47.

4 Ebd., S. 36.

Direktor des Moskauer Gogol-Center von 2010 bis 2021 holte er durch Inszenierungen zeitgenössischer und klassischer Dramatiker sowjetische Gespenster auf die Moskauer Bühnen, faszinierte und schockierte damit seine Zuschauer. Besonders deutlich wurde dies in seiner Inszenierung der *Kleinen Tragödien* Alexander Puschkins, die am 15. September 2017 Premiere hatte. Am Beispiel dieser konkreten Inszenierung lassen sich Aspekte der Katharsis im zeitgenössischen russischen Theater erörtern.

Der Katharsis-Begriff, der wörtlich ‚Reinigung' bedeutet, wurde in der europäischen Theatertradition zumeist durch Verweis auf eine Passage aus der Poetik des Aristoteles definiert.[5] Dort heißt es, die Tragödie verfolge das Ziel, durch Mitleid (éleos) und Furcht (phóbos) eine Reinigung von solchen Affekten (ten ton toióuton pathemáton kátharsin) zu bewirken. Im Laufe der Rezeptionsgeschichte wurde darüber gestritten, ob es sich bei der aristotelischen Formulierung um einen Genitivus obiectivus oder Genitivus separativus handele, ob also eine Reinigung (lat. purificatio) der Affekte selbst stattfinde oder der Zuschauer von diesen Affekten überhaupt befreit (lat. purgatio) werde.[6] Auf dem heutigen Stand der Fachdiskussion lässt sich die Frage nicht eindeutig entscheiden, so dass eine ethisch-moralische und eine medizinisch-therapeutische Deutung gleichberechtigt nebeneinanderstehen.[7]

5 Flashar, Hellmut: Aristoteles. Lehrer des Abendlandes, München: C. H. Beck 2013, S. 163–168.

6 Vgl. die ausführliche Darstellung des Forschungsstandes und der Übersetzungsproblematik bei Seidensticker, Bernd: Die Grenzen der Katharsis. In: Vöhler, Martin; Linck, Dirck (Hg.): Grenzen der Katharsis in den modernen Künsten. Transformationen des aristotelischen Modells seit Bernays, Nietzsche und Freud. Berlin: De Gruyter 2009, S. 3–20.

7 Wolfgang Schadewaldts Hypothese, es handele sich bei „éleos" und „phóbos" um „Elementaraffekte", die folglich besser als „Jammern und Schaudern" übersetzt werden sollten, gilt nach Seidensticker (ebd. S. 13–14) heute als widerlegt. Vgl. Schadewaldt, Wolfgang: Furcht und Mitleid? Zur Deutung des Aristotelischen Tragödiensatzes. In: Hellas und Hesperien. Bd. 1, Gesam-

Die Diskussion um die Katharsis blieb nicht auf die aristotelische Poetik beschränkt. Jacob Bernays, Klassischer Philologe jüdischer Herkunft und jüdischen Glaubens, veröffentlichte um die Mitte des 19. Jahrhunderts eine Studie *Grundzüge der verlorenen Abhandlung des Aristoteles*, die große Aufmerksamkeit fand und u. a. Friedrich Nietzsche, Josef Breuer und Sigmund Freud zu eigenen Katharsis-Theorien anregte.[8] Nietzsches *Die Geburt der Tragödie aus dem Geist der Musik* und Breuers und Freuds *Studien über Hysterie* trugen in der Folge entscheidend dazu bei, den Katharsis-Begriff aus dem eng umgrenzten Bereich der Aristoteles-Forschung auf andere Gebiete wie die moderne Kulturtheorie und die Psychoanalyse zu übertragen.[9] Damit war der Begriff nicht mehr an das Theater oder die Tragödie gebunden, sondern konnte eingesetzt werden, wann immer es um die Befreiung von belastenden Affekten ging. Offen bleibt allerdings die Frage, ob der Begriff durch die vielfachen Übertragungen überdehnt wird oder ob er spezifische Phänomene und Verfahren in den modernen Künsten adäquater beschreiben kann.
Im hier untersuchten speziellen Fall soll es um kathartische Effekte im postdramatischen russischen Gegenwartstheater gehen. Unter ‚postdramatischem' Theater versteht die Theaterwissenschaft eine Vielzahl heterogener Praktiken, die auf die medialen Wandlungsprozesse des späten 20. und frühen 21. Jahrhundert reagieren, die traditionellen Grenzen, Normen und Regeln des Theaters unterlaufen, eine Verschränkung oder Verschmelzung (Hybridisierung) bis dahin getrennter Kunstgattungen vornehmen und die institutio-

melte Schriften zur Antike und zur neueren Literatur in zwei Bänden, Zürich Stuttgart: Artemis Verlag 1970, S. 194–236.

8 Vöhler, Martin; Linck, Dirck (Hg.): Grenzen der Katharsis in den modernen Künsten. Transformationen des aristotelischen Modells seit Bernays, Nietzsche und Freud, Berlin: De Gruyter 2009, S. 3–117.

9 Gödde, Günter: Therapeutik und Ästhetik – Verbindungen zwischen Breuers und Freuds kathartischer Therapie und der Katharsis-Konzeption von Jacob Bernays: in: Vöhler; Linck: Grenzen. 2009, S. 63–91.

nelle Anbindung des Theaters an ein Haus tendenziell aufheben.[10] Im Zuge dieser Experimente kann der gesamte Bestand an Theaterpraktiken einschließlich der Grenzen von Kunst und Nicht-Kunst in Frage gestellt werden. Umstritten ist, ob diese Tendenzen bereits ein eigenes, klar abgrenzbares ‚postdramatisches Theater' konstituieren oder ob man in einer bis in die Antike zurückreichenden historischen Perspektive von einem permanenten Wechsel oder einer Gleichzeitigkeit von dramatischen und postdramatischen Praktiken ausgehen muss.[11]

Manche Kritiker empfinden die postdramatischen Praktiken als Ausweichen des Theaters vor sich selbst, seinen eigentlichen Herausforderungen und Potentialen.[12] Nur noch mit sich und den eigenen Mitteln beschäftigt, vergesse das postdramatischen Theater seine Aufgabe, die großen Autoren bzw. Texte zu pflegen, und den Zuschauer, den es doch gerade in die Aufführung als emanzipierten Mitspieler einbeziehen wollte, es drohe ihm die Gefahr des Solipsismus.[13] Andere spitzen ihre Vorbehalte politisch zu und führen aus, das postdramatische Theater scheine nur an der Oberfläche apolitisch, de facto leiste es vielmehr dem gegenwärtigen globalen Neoliberalismus Vorschub, da es Wirklichkeit nur als Simulation betrachte, das Theater also keinen Widerpart mehr habe, an dem es sich abarbeiten könne.[14]

Die neuere Theaterwissenschaft hat Zweifel daran vorgebracht, ob das postdramatische Theater überhaupt noch Ansatzstellen für

10 Eine ausführliche Herleitung und Diskussion des Begriffs findet sich bei: Lehmann, Hans-Thies: Postdramatisches Theater. Frankfurt a.M.: Verlag der Autoren 2011, S. 11–39.

11 Dafür plädieren die französischen Theaterwissenschaftler Biet, Christian; Triau, Christophe: Qu'est-ce que le théâtre? Paris: Gallimard 2006, S. 921–930.

12 Eine besonders scharfe Kritik liefert: Stadelmaier, Gerhard: Regisseurstheater. Auf den Bühnen des Zeitgeists. Springe: zu Klampen Verlag 2016.

13 Biet; Christophe Triau: Théâtre. 2006, S. 924.

14 Vgl. Stegemann, Bernd: Kritik des Theaters, Berlin: Theater der Zeit 2013.

kathartische Wirkungen biete. Denn die Auflösung eines klaren Handlungsverlaufs und die Verweigerung dramatischer Figuren, die die Zuschauer bemitleiden oder um die sie fürchten könnten, verhindern geradezu kathartische Wirkungen. Außerdem sei auch ein Wandel in der Haltung der Zuschauer gegenüber dem Dramengeschehen zu beobachten. Das Interesse verlagere sich von den Figuren auf die Schauspieler selbst.[15] Dagegen ließe sich einwenden, dass dies nicht für alle Theaterkulturen gleichermaßen gelten muss, denn das postdramatische Paradigma kann je nach Sprache und Theatertraditionen sehr unterschiedlich realisiert werden. So greifen postdramatische Inszenierungen eines russischen Autors wie Dostojewski in Westeuropa auf eine lange Rezeptionsgeschichte zurück und können daher eine immer noch gesteigerte Bereitschaft zur Empathie mit Figuren wie Raskolnikow oder dem Fürsten Myschkin annehmen.[16] In Russland wiederum können andere kulturelle Codes und ein anderer soziokultureller Kontext ein kathartisches Potential erzeugen, das in Westeuropa so nicht vorhanden ist. Vor diesem Hintergrund gewinnt das Beispiel der Inszenierung Serebrennikovs seine besondere Relevanz.

2.

Am 15. September 2017 fand die Premiere der *Kleinen Tragödien* am Gogol'-Zentrum in Abwesenheit des Regisseurs statt, der wenige Wochen zuvor bei Dreharbeiten in Sankt Petersburg verhaftet worden war. Die russische Theaterkritik nannte die Inszenierung „die erste Vorstellung Kirill Serebrennikovs ohne Kirill Serebrennikov".[17] Die Theaterlaufbahn des Regisseurs liest sich heute wie eine Vor-

15 Warstatt, Matthias: Katharsis heute. Gegenwartstheater und emotionaler Stil. In: Vöhler; Link: Grenzen. 2009, S. 349–367.

16 Kissel, Wolfgang Stephan: Dostoevskij und das deutsche Theater der Gegenwart: Potentiale – Probleme – Perspektiven. In: Jahrbuch der Deutschen Dostojewskij-Gesellschaft, 23/2016 (2018), S. 125–146.

17 Zdes' i sejčas. Malen'kie tragedii bez Serebrennikova. Telekanal Dozhd, 11.

geschichte des Eklats. Seine Anfänge als Provinzamateur lagen im südrussischen Rostov-na-Donu. In den frühen 2000er Jahre übersiedelte er nach Moskau und etablierte sein Theater zugleich als Ausdruck und kritische Reflexion der neuen Epoche unter Putin. In diese Richtung weisen sein Debüt *Plastilin* nach einem Stück von Vasilij Sigarew im Jahr 2001 am Zentrum für Dramaturgie und Regie wie auch die folgenden Inszenierungen *Terrorismus* von 2002 und *Opfer vom Dienst* von 2004 nach Stücken der Brüder Oleg und Vladimir Presnjakov am Moskauer Künstlertheater (MChaT). Sie alle variierten Themen der Alltagsgewalt, die das russische Leben durchdringt. Demütigungen und Frustrationen in Ehe, Familie und Beruf sowie ein weit verbreitetes Gefühl der Wehrlosigkeit gegenüber einer Willkürherrschaft der Superreichen erzeugen bei vielen Individuen einen ausgeprägten Selbsthass, der wiederum die Gewaltaffinität der Gesellschaft insgesamt befördert. So lieferte Serebrennikov Elemente einer Anatomie der russischen Gegenwartskultur. Durch diese frühen Inszenierungen wurde er rasch eine feste Größe im hart umkämpften Moskauer Theaterbetrieb.

Der stabile Kontakt zum Moskauer Künstlertheater (MChaT) beförderte Serebrennikovs Aufstieg. Dieses Theater repräsentierte eine Tradition, die auf Konstantin Stanislawski und Wladimir Nemirowitsch-Dantschenko zurückging und Generationen russischer Theatermacher und Zuschauer geprägt hat. Am MChat brachte Serebrennikov auch ambitionierte Neuinterpretationen von Klassikern des 19. Jahrhunderts heraus, z. B. von Alexander Ostrovskijs *Wald* (2004), einem zentralen Stück des russischen Dramenkanons, in dem auch eine Reflexion über die Praxis und Rezeption des Theaters entwickelt wird. Mit der Inszenierung *Die Herren Golovlev* nach dem Roman von Michail Saltykov-Schtschedrin (2005) fand er Anschluss an eine Tendenz der Postdramatik, die

Oktober 2017 https://www.youtube.com/watch?v=EE-5HkSIxl4 (Zugriff am 31.07.2023)

Bühnenadaption von Prosa oder Romanliteratur. Wohl kein anderer zeitgenössischer russischer Regisseur hat das Potential des postdramatischen Theaters so ausgeschöpft wie Serebrennikov. Seine Aktivitäten in Theater, Oper, Ballett und Film ließen ihn die Grenzen zwischen Gattungen leicht überschreiten, und die Zusammenarbeit mit westlichen Autoren und Theatermachern, etwa in Stuttgart, Zürich und Hamburg, brachte ihn in Kontakt mit den neuesten Trends im Westen. Im Gegenzug stießen seine Opernregie und seine Filme dort auf Interesse. So eignete er sich das postdramatische Idiom des globalen Theaters an, das ebenso in Berlin, London oder New York verstanden und praktiziert wurde.

Dieser Erfolg in zwei Welten erleichterte Serebrennikov auch die Realisierung einer Doppelstrategie von Anpassung und Provokation gegenüber der Staatsmacht. Seine offene Kritik an der Macht im gegenwärtigen Russland, an der gesellschaftspolitischen Stagnation ging einher mit einer Bereitschaft zur Kooperation mit den kulturpolitischen Größen der 2000er Jahre. Er galt als Protégé des Kulturministers Michail Schwydkoj, später des Putin-Vertrauten Wladislaw Surkow, auch von dem kremlnahen Oligarchen Roman Abramowitsch erhielt er massive finanzielle Unterstützung. Rückblickend auf seinen Aufstieg und Fall prägte Joshua Yaffa, ein Kenner der Kulturpolitik dieser Jahre, die Wendung „house *avant-gardiste* of Putin-era Russia".[18]

Mit Ernennung zum Theaterleiter des Gogol-Center im Jahr 2012 wurde Serebrennikov zu einer zentralen Figur des westlich orientierten, liberalen Kulturlebens. Er verwandelte die stagnierende spätsowjetische Spielstätte in ein experimentelles und avantgardistisches Theater, dessen Repertoire ein weites Spektrum von Klassikerinszenierungen bis zu russischen und internationalen Gegenwartsautoren umfasste. Ebenfalls im Jahr 2012 gründete er auf

18 Yaffa, Joshua: The Rise and Fall of Russia's Most Acclaimed Theater Director, in: The New Yorker, 11.12.2017.

der Basis seines Kurses an der Schauspielschule des MChAT eine eigene Schule, das Studio 7, in dem er eine Gruppe von ausgewählten Studenten unterrichtete. Es entstand eine sehr enge Beziehung zwischen dem Lehrer, (der auch als „Meister" tituliert wurde) und seinen Schülern.[19] Seine Stellung als absoluter Mittelpunkt einer Schar von Adepten und die Ergebenheit seiner Schauspieler trug zur besonderen Aura des Gogol-Center bei.

In den folgenden Jahren inszenierte Serebrennikov u. a. das Prosapoem *Die toten Seelen* von Nikolaj Gogol (2014), den Roman *Eine gewöhnliche Geschichte* von Ivan Gončarov (2015) oder das Poem *Wer lebt gut in Russland* von Nikolaj Nekrasov (2015). Der Regisseur verfolgte das Projekt, russische Klassik und postdramatische Formen aufeinander zu beziehen. Seine Adaptionen arbeiteten mit Verfahren der Hybridisierung von literarischen Gattungen und warfen durch scharfe Kontraste zwischen klassischem Text und moderner Realität grelle Schlaglichter auf den Zustand des postsowjetischen Russlands. In der Bühnenfassung des Prosapoems *Die toten Seelen* wurden überkommene Gender-Dichotomien in Frage gestellt. Das Experiment mit einem „all-male cast" forderte die Erwartungen an den Umgang mit einem Klassiker der russischen Literatur des 19. Jahrhunderts heraus, konnte aber zugleich als Protest gegen die in Russland propagierten rigiden Gender-Normen verstanden werden.[20] Die Inszenierung richtete den Fokus auf den männlichen Körper in „unpassender" oder grotesker Kleidung.

Vielen Theaterkennern und Beobachtern des kulturellen Lebens der Hauptstadt schien das Gogol-Center als Hochburg liberaler Kultur im Moskau unter Putin, als Ort, an dem die Konflikte der

19 Vgl. die ausführliche Schilderung des Kreises bei Avdeev, Philipp: Je traversais une crise profonde, 'Le Moine Noir' a eu un très fort écho en moi. In: Le Monde, 02.07.2022.

20 Vgl. Clements, Barbara Evans; Friedman, Rebecca; Healey, Dan (Hg.): Russian Masculinities in History and Culture, Basingstoke: Palgrave 2002, S. 172–222.

Gegenwart ausagiert und auch Verunsicherung und Ratlosigkeit zugelassen wurden. Die Inszenierungen trugen deutliche Züge von Zivilisationsskepsis und der Modernekritik. Leitmotive wie Korruption und Kriminalität, Drogenhandel und Drogensucht, Erpressung und (politischer) Mord stellten Verbindungen zur russischen Realität der 2010er Jahre her. Aber Serebrennikov schloss sich nicht den offiziellen Diskursen der Putin-Zeit an, die eine angeblich schöpferische, originelle, ursprüngliche, mystisch-tiefe russische Kultur gegen die technisch-materialistische, sterile, abgeleitete, westliche stellten.[21] Vielmehr umkreiste sein Theater die verdrängte totalitäre Vergangenheit des postsowjetischen Russlands als Quelle der Missstände der Gegenwart.

Im ersten Jahrzehnt seiner Moskauer Theaterarbeit konnte Serebrennikov Experimente wagen, vor denen andere zurückschreckten. In dieser Zeit wurde im postsowjetischen Russland unter Putin eine relative Nähe zum Westen bzw. Europa gefördert oder zumindest geduldet. Auch der außenpolitische Kurs war auf internationale Zusammenarbeit ausgerichtet. Während die Außenpolitik seit dem Georgien-Krieg 2008 allmählich in Richtung Konfrontation umschwenkte, blieben in der Kulturszene noch längere Zeit gewisse Freiheiten erhalten. Doch mit den massiven Protesten des Jahres 2012, die sich gegen die Wiederwahl Vladimir Putins zum Präsidenten der Russischen Föderation richteten, trat auch eine innen- und kulturpolitische Wende ein. Mit der Verschärfung der Spannungen zwischen RF und EU bzw. USA nach der Annexion der Krim 2014 begannen die staatlich gelenkten Medien antiwestliche Diskurse in Umlauf zu bringen und vermehrt auch gegen die Liberalen im eigenen Land zu agitieren.

21 Schmid, Ulrich: Technologien der Seele. Vom Verfertigen der Wahrheit in der russischen Gegenwartskultur. Frankfurt a. M.: Suhrkamp 2015, S. 45–50.

Nun wurden gesellschaftspolitische Fragen wie Minderheitenrechte und der Status der LGBT-Community hochgradig ideologisiert.[22] Die Propaganda behauptete, es bestehe ein fundamentaler Antagonismus zwischen dem Westen und Russland in Sachen der Sexualmoral.[23] „Gayropa" habe jegliche Scham verloren, während Russland durch die Renaissance der Orthodoxie und der traditionellen Lebensweise ein natürliches Verhältnis zum Sexus wiederhergestellt habe.[24] Mit seinen theatralischen Verfahren stellte Serebrennikov diese Vorurteile und Klischees bloß, ohne direkt die Position eines LGBT-Aktivisten einzunehmen. Wiederholt behandelte er in seinen Filmen und Ballett- und Theaterinszenierungen das Thema Homosexualität, so auch in seinem Ballett *Rudolf Nureev*, dessen Premiere am Bolschoi-Theater um fünf Monate verschobenen werden musste. Als sie am 9. Dezember 2017 doch noch stattfand, drängten sich auf dem Empfang hohe Regierungsvertreter und einflussreiche Personen des Kulturlebens, Serebrennikov jedoch saß zu diesem Zeitpunkt schon mehrere Monate in Untersuchungshaft. Am 22. August 2017 wurde der Regisseur am Filmset in Sankt Petersburg verhaftet und später zusammen mit dem Producer Alexej Malobrodskij, dem Theaterdirektor Jurij Itin und der Managerin Sofia Apfelbaum wegen „Verdachts der Organisation von Unterschlagung" in Höhe von umgerechnet 3,3 Millionen Euro angeklagt. Der folgende Prozess gegen die Angeklagten fand weit über die Grenzen Russlands hinaus Beachtung, nicht nur bei Theaterkennern, sondern auch bei einer breiten Öffentlichkeit. Serebrennikov wurde nach Moskau deportiert, dort zusammen mit Mitarbeitern der Veruntreuung öffentlicher Mittel angeklagt, in einem

22 Vgl. Gabowitsch, Mischa: Putin kaputt!? Russlands neue Protestkultur. Frankfurt a. M.: Suhrkamp 2013, S. 217–223.

23 Vgl. Sapper, Manfred; Weichsel, Volker (Hg.): Spektralanalyse. Homosexualität und ihre Feinde. In: Osteuropa 10, 2013.

24 Vgl. Schmid, Technologien. 2019, S. 188–209.

Käfig für Kriminelle öffentlich präsentiert und bis zur Verkündung eines rechtskräftigen Urteils unter Hausarrest gestellt. Über den Angeklagten schwebte das Damoklesschwert einer langen Haft- oder hohen Geldstrafe. Manche Kommentatoren erinnerten an den Oligarchen Michail Chodorkowski, der in Konflikt mit der Staatsmacht geriet und zehn Jahre in einem Straflager verbringen musste. In diese Zeit des beginnenden Prozesses fiel die Premiere der *Kleinen Tragödien.*

Prozesse wegen Unterschlagung oder Veruntreuung folgten in der Putin-Ära einem festen Schema. Bei allen Freiheiten, die dem Gogol-Center in seinen ersten Jahren von Seiten der staatlichen Kulturpolitik zugestanden wurden, war es zu jedem Zeitpunkt seiner Existenz von staatlichen Fördermitteln abhängig. Im System Putin gab es und gibt es keine unabhängigen kulturellen Institutionen, gerade Theater von der Größe des Gogol-Center waren auf beträchtliche staatliche Unterstützung angewiesen, eine undurchsichtige Gesetzgebung und eine unberechenbare Kulturbürokratie konnten für die Theatermacher zu einem gefährlichen Risiko werden. Doch zu den Spielregeln gehörte von Anfang an, dass Freiräume nur solange zugestanden wurden, wie sie mit den Interessen des Putin-Regimes vereinbar schienen. Der Staat ließ sich für einen bestimmten Zeitraum herbei, den ‚Widerstand' finanziell zu fördern, und stellte ihn ab, wenn er lästig wurde. Das Gogol-Center war nur ein Teil des ‚Kulturparks' (Jampol'skij), den sich das Regime leistete, um die Moskauer Oberschicht in der Illusion zu wiegen, alle Privilegien zu genießen, die reiche Metropolenbewohner weltweit genossen.[25]

Die Geschichte von Serebrennikovs Aufstieg und Fall und ihr soziokultureller Kontext sind wichtige Schlüssel für die kathartischen Effekte, die die Inszenierung der *Kleinen Tragödien* erzeugte.

25 Jampol'skij, Michail: Park Kul'tury. Kul'tura i nasilie v Moskve segodnja, Moskva: Novoe izdatel'stwo 2018.

3.

Auch wenn Serebrennikov bei der Premiere am 15. September 2017 physisch nicht anwesend sein konnte, sorgten seine Mitarbeiter dafür, dass die Inszenierung nach seinen Anweisungen umgesetzt wurde. Außerdem machten sie den Zuschauern unmissverständlich klar, dass sich das Theater in einem Ausnahmezustand befand. Am Schluss jeder Vorstellung tauchte der abwesende Regisseur als Videoprojektion auf und forderte sein Publikum mit Gesten zur Unterstützung des Theaters auf. Die Kritik feierte eine „totale, aus vielen Genres und Formaten bestehende Installation" - ein Gemeinschaftswerk der Autoren Puschkin und Serebrennikov, wie der Ankündigung zu entnehmen war.[26] Der Regisseur figurierte im Programm selbstbewusst als Ko-Autor neben Puschkin, in jeder Hinsicht ein besonderes Wagnis. Alexander Puschkins *Kleine Tragödien* zeichnen sich durch Komplexität und Dichte aus und gelten als eine der größten Herausforderungen der russischen Dramenliteratur – für Regisseure und Schauspieler ebenso wie für Deuter und Kommentatoren.[27] Die vier Kurzdramen, *Der geizige* Ritter, Mozart *und Salieri, Der steinerne Gast,* und *Das Fest während der Pest*, wirken im Gesamtwerk Puschkins wie ein Monolith und sind keiner Theatertradition seiner Zeit eindeutig zuzuordnen, dennoch gehören sie zum Kernbestand der russischen Literatur bzw. des russischen Dramas und wurden und werden häufig auf russischen Bühnen interpretiert. Auch mehrere Verfilmungen existieren.[28]

26 Vgl. Telekanal Dozhd, 11. Oktober 2017, Zdes' i sejčas. Malen'kie tragedii bez Serebrennikova. https://www.youtube.com/watch?v=EE-5HkSIxl4 (Zugriff am 31.07.2023).

27 Vgl. Evdokimova, Svetlana: Introduction. In: Evdokimova, Svetlana (Hg.): Alexander Pushkin's Little Tragedies. The Poetics of Brevity. Madison: University of Wisconsin Press 2003, S. 3–38. Auch wenn der Untertitel eine ‚Poetik der Kürze' vorgibt, versammelt der Band durchaus verschiedene Deutungsansätze.

28 Vgl. Sandler, Stephanie: Little Tragedies on Film, Cinematic Realism and

Puschkin selbst bezeichnete die vier Kurzdramen als *Versuche dramatischer Studien*, wahrscheinlich um in Anlehnung an den französischen Begriff *études dramatiques* das skizzenhaft-lakonische und scharf analytische Moment dieser Dramen hervorzuheben.[29] Nur ein einziges Mal in einem Brief an seinen Freund Pjotr Pletnjow erläutert Puschkin sie als *kleine Tragödien*.[30] Dieser Titel eines Dramenzyklus stammt also von späteren Herausgebern, hat sich aber bis heute allgemein durchgesetzt und wird auch von Serebrennikov verwendet, so dass er für die Zwecke dieser Untersuchung beibehalten werden kann. Vollendet wurden die Studien während des Herbstes von Boldino 1830, entstanden sind sie aber wahrscheinlich über einen längeren Zeitraum von bis zu sechs Jahren. Die intensive Auseinandersetzung mit Europa, mit verschiedenen westeuropäischen Literaturen, mit der Kultur Spaniens, Österreichs, Englands, mit den Kulturepochen, dem Mittelalter und dem Rittertum, der Renaissance und der Courtoisie, der Aufklärung und der Analyse menschlicher Kreativität bieten eine Quintessenz der Poetik und Ästhetik des Dichters. Die Handlungsorte liegen ebenfalls in Europa.

Die Dramen nehmen auf eine Fülle europäischer Prätexte Bezug, beginnend bei Shakespeare und Molière bis zu den französischen Moralisten. Sie sind Literatur aus Literatur und betonen die Autonomie des literarischen Kunstwerks, seine Literarizität. Die genuin literarischen Figuren sind zugleich Individuen mit außergewöhnlichen Leidenschaften, Fähigkeiten, Ambitionen, singuläre Gestalten, die an sich selbst scheitern. Besessene, die im Wahn ethische Grenzen überschreiten und sich selbst und ihre Umgebung zerstö-

Embodied Inspiration. In: Evdokimova: Little Tragedies. The Poetics of Brevity. Madison: University of Wisconsin Press 2003, S. 290–301.

29 Vgl. Ebbinghaus, Andreas: Don Juan, Mozart, Salieri und ein Gelage während der Pest. Alexander Puschkins Dramatische Szenen und ihre westeuropäischen Stoffe. Würzburg: Königshausen & Neumann 2020, S. 9–16.

30 Ebd. S. 11.

ren. Die „Versuche dramatischer Studien" zeichnet ein hoher Grad an Konzentration und Ökonomie der Mittel aus, auf jegliche Entwicklung und Entfaltung wird verzichtet.

Serebrennikovs Inszenierung der *Kleinen Tragödien* vollzieht abermals den Wandel des Theaters in Europa und weltweit zum postdramatischen Spiel mit, versieht ihn jedoch mit unverkennbar russischen Akzenten. Serebrennikovs postdramatische Installation erweitert den Kreis der Texte Puschkins um einige Gedichte und beginnt mit einer Performance des Gedichts *Der Prophet*, die an eine rituelle Initiation erinnert. Puschkins Gedicht beschwört in archaischer Sprache eine alttestamentarische Szene, in der einem Asketen in der Wüste ein Seraph, ein geflügelter Engel, erscheint, der die Augen und Ohren des Gottsuchers berührt und ihm zu visuellen und akustischen Offenbarungen von nie gekannter Intensität verhilft. Der Höhepunkt der Vision ist erreicht, als der Seraph dem künftigen Propheten das Herz herausschneidet und befiehlt, über Meer und Land zu ziehen und die Herzen der Menschen zu verbrennen.

Diese in Russland oft rezitierten Verse dienen als Auftakt und Leitmotiv des gesamten Abends. Sie werden radikal dekontextualisiert und aus dem alttestamentarischen Rahmen in einen zeitgenössischen postsowjetischen versetzt. Am Rand der Bühne befindet sich ein Block von sechs Metallsitzen, wie sie in Wartesälen, auf Bahnhöfen, in Flughäfen überall in Russland anzutreffen sind. Der Zuschauer assoziiert ein Land im Wartezustand, das heimgesucht wird von den Alpträumen und Gespenstern seiner Vergangenheit. Fernsehaufzeichnungen aus dem trostlosen Alltag werden eingeblendet, so z. B. die Nachricht von einer Frau, die ihren Mann vergiftet hat. Der Seraph, der von einem athletischen, hochgewachsenen Schauspieler gespielt wird, wählt einen der anwesenden Studenten aus, der auf einem der Metallsitze Platz genommen hat, schleudert ihn unter großem Getöse über die Bühne und gegen die Wand, bevor er ihm die Brust mit einem glühenden Stahl durchbohrt und das

Herz herausschneidet. Dem willenlosen Objekt setzt Seraphim in Anlehnung an Puschkins Gedicht neue Organe ein. Während der Organtransplantation leuchtet im Hintergrund der Imperativ aus dem letzten Vers auf: ЖГИ *Brenne*. Die neuen Organe sind dem kleinen Menschen jedoch zu groß, er meistert die Sprache des Propheten, die Sprache Puschkins nicht, bringt nur unartikuliertes Stammeln und Lallen hervor.

Damit ist ein Generalthema der Aufführung gefunden: Die Inszenierung nimmt das Motiv des prophetischen Stammelns auf und bezieht es auf das mangelnde Artikulationsvermögen der zeitgenössischen Russen, das seine Wurzeln in ihrer Unfähigkeit und Unwilligkeit zur Freiheit hat. Dabei setzt sie auf Kontrastwirkungen zwischen den klassischen Versen des Originals und einer verfremdenden Wiedergabe. Die Verse werden bald zerhackt, bald zerdehnt, bald von Betrunkenen und Drogensüchtigen gebrüllt oder geheult, gelallt oder geflüstert. Der akustisch nahezu unverständliche Text lässt sich über Videoprojektionen verfolgen. Während der Text phonetisch und akustisch oft bis zur Unverständlichkeit verzerrt wird, dient die Schrift an der Wand, die magisch leuchtenden kyrillischen Buchstaben, als Gegengewicht und Garant der Verständlichkeit. Screens mit Texten und Zitaten passen einerseits in die Epoche der Power Point-Präsentationen, der E-Books und Tabletts, in der das elektronische Bild das gesprochene oder geschriebene Wort ersetzt oder verdrängt, andererseits wird Sprache in der Tradition gerade der russischen futuristischen Avantgarden als Produkt von Zunge, Gaumen, Kehlkopf, Muskeln, Nervenimpulsen, Atem und Zwerchfell in ihrer physischen Verfasstheit, ihrer Materialität und Körperlichkeit fühlbar gemacht.

Nach der Eingangsszene tritt der aus Ulan-Ude stammenden Hip-Hop Rapper Chaski (Pseudonym für Dmitri Kusnezow) auf, aber nicht als Star, sondern als der aufstrebende Sänger aus der Provinz, der er einmal war, d. h. als Wiedergänger seiner selbst. Er singt einen Dialog mit dem blutbedeckten Propheten, dem Schauspieler

Filipp Awdejew, der in der nächsten Szene Mozart verkörpern wird. Rapper, Prophet und Mozart bilden eine Reihe schöpferischer Außenseiter. Ihr gemeinsamer Auftritt kündet auch eine Reihe tiefer postdramatischer Eingriffe in die Handlung und das Personal der Dramen an.

Im nächsten Drama taucht ein Mozart auf, der offensichtlich durch Drogenkonsum in einen komatösen Zustand geraten ist und von Salieri qua Mund zu Mund-Beatmung wiederbelebt werden muss. Der Trivialmythos vom genialen, aber exzentrischen Künstler Mozart, der sich in Exzessen verausgabt, und dem berechnenden Routinier Salieri, der ihn am Leben erhält und dann tötet, wird hier zitiert. Die Buchstaben ЯД / GIFT leuchten im Hintergrund während des Spiels auf. Es ist nicht nur das Gift des Mörders Salieri: Es ist das Gift, das die russische Kunst und Gesellschaft immer noch kontaminiert, das Gift aus einer totalitären sowjetischen Vergangenheit. Nach seinem Mord an Mozart stopft Salieri sich mit Mozartkugeln voll, um sich das tote Genie als Souvenirkitsch einzuverleiben.

Wie in der Eingangsszene wird ein breites Spektrum intermedialer Theaterpraktiken eingesetzt, bei denen die Präsenz von technischen Utensilien aller Art besonders hervorsticht: Schläuche, Kabel, laufende Fernseher mit Nachrichten aus Russland, Videosequenzen, flimmernde Bildschirme, Computer, medizinische Apparate lassen aber auch die Dichotomie von Technik und Menschenwelt offenbar werden, die unsere Epoche mehr als alle vorhergehenden kennzeichnet. Die Schauspieler erscheinen abwechselnd auf dem Videobildschirm und dann wieder in Person und machen so die Differenzqualität von technisch reproduziertem Abbild und physischer Erscheinung erfahrbar.

Im folgenden Drama *Der geizige Ritter* wird das Personal des Mittelalters durch eine Gang aus Motorradrockern und Mafiosi ersetzt, die die Blankverse unter Alkohol brüllen und lallen. In ihnen spiegelt sich Exzess, Maßlosigkeit, Hybris einer Welt, die kein Maß mehr findet. Vater und Sohn befinden sich in einen unbarmherzigen Konflikt weniger aus Geldgier, sondern weil die Welt der Jungen und Jugendlichkeit sich gegen das Alter verschworen hat. Im *Steinernen Gast* treffen nach der ersten Begegnung auf dem Friedhof eine um Jahrzehnte gealterte Donna Anna und ein vergreister Don Juan aufeinander, vom sinnlichen Glück ist ihnen nicht viel geblieben. Der Komtur ist keine furchteinflößende Riesenstatue wie in den meisten Inszenierungen, sondern liegt in einer sowjetischen Kühlvitrine für Lebensmittel, die schon aus dem Vorstadtbahnhof des Prologs auftauchte. Bis zum Gürtel ist er zugedeckt mit Papierblumen, die das Verwaltungszentrum eines Viertels für den Friedhof zur Verfügung stellte. Das Thema des „lebendigen Leichnams", in vielen Varianten in der klassischen Literatur durchgespielt, wird hier auf die Überreste der sowjetischen Kultur in der postsowjetischen Epoche bezogen. Es ist der lebende Leichnam der sowjetischen Kultur, der hier in der Vitrine vorgeführt wird. Nach dem *Steinernen Gast* hat Serebrennikov seine Inszenierung um *Die Szene aus Faust* erweitert, die für die Versuchung steht, aus einer Lage der existentiellen Verzweiflung, Ausweglosigkeit mit einem Gewaltakt (vse utopit') auszubrechen, eine Versuchung, die der sowjetischen Kultur in hohem Maße eigen war und als Leitmotiv die gesamte Installation durchzieht.

Als Epilog schließt *Ein Fest während der Pest* die Inszenierung ab. Während in Puschkins Original die Figuren stürmische Jünglinge und junge Frauen sind, verlegt Serebrennikov die Handlung in ein postsowjetisches Altenheim, in dem die Bewohner einmal ohne Aufsicht einen Abend der Erinnerungen an ihre besten Jahre veranstalten. Die teilweise dementen Insassen werden von ihrer sowjetischen Vergangenheit in Form von Liedern, Arien aus Operetten, etc. heimgesucht und schwelgen in sowjetischen Schlagern und Schnulzen. Das Altendelirium nimmt die Form einer Nummernrevue an. Auf der Bühne improvisieren die Heimbewohner Karaoke und entfalten eine erstaunliche Virtuosität. Vergilbte Konzertprogramme der 1970er Jahre tauchen auf, Arien aus der *Operette Gräfin Mariza* erklingen, Songs von Glen Miller werden auf dem Akkordeon gespielt, der Bacchanten-Gesang wird von einer ältlichen Theaterkassenverkäuferin vorgetragen. Die letzte sowjetische Generation flieht vor der Trostlosigkeit eines Seniorenheims in eine wilde Improvisation ihrer früheren musikalischen Vorlieben aus Operette, Schlager und Oper, begleitet von Akkordeon und Geige. Gegen Ende werden die Alten von professionellen Pflegern eingesammelt und ruhiggestellt, um in ihren Betten weiter zu dämmern.

4.

Das kathartische Potential der Inszenierung im Moskau des Jahres 2017 entstand aus dem Kontrast zwischen der noch immer wirksamen kulturellen Autorität Puschkins und des besonderen Textes der *Kleinen Tragödien* einerseits und dem Chaos und der Düsternis einer postsowjetischen Gegenwart, die sich immer noch nicht von ihrer sowjetischen Vergangenheit befreit hatte. Serebrennikov war sich wohl bewusst, dass er diesen Effekt nicht einfach durch eine Fortsetzung des Puschkin-Kultes erreichen konnte. Daher war seine Inszenierung einerseits ein Angriff auf den kanonischen, klassischen Puschkin, andererseits ging Puschkin als aggressiver Rapper, als Zeitgenosse des 21. Jahrhunderts, selbst zum Angriff auf die (nicht nur im postsowjetischen Russland) stagnierende Gegenwart über.

Bei den kathartischen Effekten wirkte als Subtext der russische und sowjetische Puschkin-Kult mit. Das *Fest während der Pest* als beißend sarkastische, aber auch sentimental rührende Evokation sowjetischer Kulturfeiern erinnerte an die Verbindung von Gewalt und Terror im Zeichen Puschkins.[31] Das sowjetische und stalinis-

31 Kissel, Wolfgang Stephan: Der Kult des toten Dichters und die russische Moderne: Puškin – Blok – Majakovskij. Köln Weimar Wien: Böhlau 2004, S. 23–95.

tische Puschkin-Jubiläum des Jahres 1937 übertraf an Aufwand und Umfang der verschiedenartigen Veranstaltungen alle früheren und späteren Feiern.[32] Bild und Name Puschkins wurden bis in den letzten Winkel des Imperiums getragen und symbolisierten das hohe zivilisatorisch-kulturelle Niveau der Sowjetunion unter Stalin. Ein Land, in dem der russische Nationaldichter in die Sprachen der Sowjetrepubliken übersetzt und durch öffentliche Rezitationen geehrt wurde, konnte kein kulturloses oder barbarisches Land sein. Auf Plakaten, Fahnen und Bannern auf Illustrationen in Zeitungen und Zeitschriften wurde der Dichter auffallend oft mit den politisch-ideologischen Führern Marx, Lenin und Stalin zusammen gezeigt, so dass in diesem Persönlichkeitskult das Bild Puschkins in vielen Aspekten mit dem Bild Stalins verschmolz. Bald nach dem Höhepunkt des Puschkin-Festes begann der Höhepunkt des Großen Terrors mit Massenverhaftungen und -erschießungen.

Serebrennikovs Inszenierung lässt sich damit nicht nur der Postdramatik, sondern auch dem Paradigma des Post-Memory zuordnen, ein Begriff, den die US-amerikanische Literaturwissenschaftlerin Marianne Hirsch in die Debatte eingeführt hat.[33] Er schließt direkt an den Gedächtnis-Begriff an und rückt die „Übermittlung zwischen den Generationen" („generational structure of transmission") in den Fokus.[34] Die Monographie von Hirsch ist in russischer Übersetzung vor kurzem auf starkes Interesse gestoßen, was auch daran liegen dürfte, dass der Begriff einen Nerv der gegenwärtigen Lage in Russland trifft.[35] Die schiere Anwesenheit vieler Mil-

32 Platt, Jonathan Brooks: Greetings, Pushkin! Stalinist Cultural Politics and the Russian National Bard. Pittsburgh: University of Pittsburgh Press 2016.

33 Vgl. Hirsch, Marianne: The Generation of Postmemory. Writing and Visual Culture after the Holocaust. New York: Columbia University Press 2012.

34 Ebd. S. 35.

35 Vgl. Chirš, Marianna: Pokolenie postpamjati: Pis'mo i vizual'naja kul'tura posle Cholokosta, Moskau: Novoe izdatel'stvo 2021.

lionen Gulag-Überlebender übte einen merklichen Einfluss auf die Familien und die sowjetische und russische Alltagskultur seit den fünfziger Jahren aus, daher hat ein postsowjetisches Post-Memory ein besonderes Potential.

Im Post-Memory der Inszenierung der *Kleinen Tragödien* lag auch das kathartische Potential für die Zuschauer in Moskau, die die Fernwirkung der sowjetischen Vergangenheit auf die Gegenwart des Jahres 2017 erkennen und mit Mitleid (éleos) und Furcht (phobos) reagieren konnten: Mitleid für die um Lebenschancen betrogenen Vorgänger und Zeitgenossen, Furcht vor den Konsequenzen verdrängter Verbrechen, die die Gegenwart belasteten. Serebrennikovs Verhaftung, seine physische Abwesenheit und seine schöpferische Anwesenheit, schließlich sein drohender Prozess bezeugten die Realität der Gefahr und steigerten das kathartische Potential. Die Gegenwart schien auf dem Weg, zu den Schrecken der sowjetischen Zeit zurückzukehren.

Der Puschkin-Kult des 19. und 20. Jahrhunderts war in Serebrennikovs Inszenierung präsent, wurde aber zugleich dekonstruiert. Im Wartesaal eines Provinzbahnhofs, in einer Gruppe betrunkener Motorradfahrer und Mafiosi unter Drogeneinfluss, im Altenheim und auf der Demenzstation fand ein Ringen um das poetische Wort in der Gegenwart statt. Die klassische Schönheit der Sprache Puschkins war fern und unerreichbar, doch als Schrift an der Wand immer präsent. Das Personal aus Drogensüchtigen, Trinkern, Clochards, dementen Heimbewohnern, Kleinkriminellen schien äußerlich maximal von dieser Schönheit entfernt, doch gerade darum brauchten diese Figuren den Bezug auf den Dichter und seine Dichtungen umso mehr.

Spiegeln sich in den literarischen Figuren der „dramatischen Studien“ Puschkins Exzess und Hybris der Menschen in der modernen Welt, die kein Maß mehr finden, so hat Serebrennikov mit den Maßlosigkeiten seiner Installation dafür einen adäquaten Ausdruck gefunden. Er setzt Sprache und Verse Puschkins einem Härtetest aus, um herauszufinden, ob sie der Wirklichkeit des heutigen Russlands noch standhalten und ob diese Wirklichkeit den Versen standhält.

Die Wiederkehr des Untergangs

Katharsis in Walter Jens' *Der Untergang: nach den Troerinnen des Euripides* am Theater Pforzheim 2017

Verena Witschel

1.

Am 23. September 2017 eröffnete das Stadttheater Pforzheim die Spielzeit mit der Tragödie *Die Frauen von Troja (Der Untergang)*, einem Schauspiel von Euripides in der Neudichtung von Walter Jens. Zu beobachten ist der in der gegenwärtigen Theaterlandschaft wohl eher ungewöhnliche Zufall, dass gleich drei Häuser in der vergangenen Spielzeit *Die Troerinnen* auf den Spielplan gesetzt haben. Während Karlsruhe eine Neuübertragung des Dramaturgen, Konstantin Küspers, inszeniert, wird am Residenztheater auf die Fassung von Sartre zurückgegriffen. Beide Fassungen verzichten allerdings auf eine rhythmisierte, poetisch durchformte Sprache sowie den Chor. Mit dem Verzicht auf diese zwei wesentlichen Elemente der antiken Tragödie unterscheiden sie sich besonders von der Fassung Walter Jens', die von Hannes Hametner in Pforzheim inszeniert wurde, wie er im Rahmen eines Interviews unterstreicht.[1]
Wenn man gegenwärtig immer wieder Stoffe der antiken Tragödie auf den Spielplänen findet, stellt sich die Frage, inwiefern die spezifische Wirkung der Tragödie, die Aristoteles über den Begriff der Katharsis definiert, für das Gegenwartstheater transponiert wer-

1 An dieser Stelle möchte ich Hannes Hametner für ein Interview zur Inszenierung danken, das ich am 25. September 2018 mit ihm führen konnte.

den kann. Zugespitzt gesagt: Ist heute eine auf Katharsis angelegte Inszenierung überhaupt noch möglich? Um dieser Fragestellung nachzugehen, erscheint es zunächst fruchtbar, die wesentlichen Züge der aristotelischen Überlegungen zur Wirkung der Tragödie zu klären und die Zusammenhänge, die mit der Katharsis einhergehen, herauszustellen. Hierbei wird eher die Komplexität der beteiligten Prozesse im Zentrum der Betrachtungen stehen, als eine scharfe begriffliche Bestimmung von Katharsis. Den Fragen der Begriffsbestimmung widmet sich bekannterweise eine lange Tradition, die nur knapp skizziert werden soll. Einen Schwerpunkt lege ich dabei auf die therapeutische Lesart. Geht man stärker von dieser aus, kann die Struktur der Katharsis parallel zur Struktur des Traumas gesehen werden. Sie kann einen Prozess der emotionalen Bearbeitung – ein zentraler Aspekt der Traumaforschung – herbeiführen, indem sie die Form auf ästhetische Weise nachvollziehen lässt und auf diese Weise den Sinnen zugänglich macht.

Nach der grundlegenden Herausstellung der Katharsis ermöglichenden Merkmale und der Parallelführung zur Traumastruktur nehme ich zunächst den Entstehungskontext des Antikriegsstücks *Die Troerinnen* in den Blick. Da die Tragödie ihre volle Wirkung erst in der Aktualisierung des Textes, in der konkreten Aufführung und in der Kopräsenz von Bühne und Zuschauer entfalten kann,[2] konzentrieren sich die nachfolgenden Darlegungen auf die Inszenierung am Theater Pforzheim. Das, was die Möglichkeiten der Katharsis eröffnet, soll dann anhand der Inszenierung nachvollzogen werden. Eine wichtige Quelle ist ein Interview, das ich am 25. September 2018 mit Hannes Hametner geführt habe. Es folgen die resümierenden Schlussbetrachtungen, in die ein Perspektivwechsel einbezogen wird. Nach den Betrachtungen der Bühne, richtet sich der Blick auf die Voraussetzungen der gesellschaftlichen Umstände, die

2 Vgl. Canaris, Johanna: Mythos Tragödie. Zur Aktualität einer theatralen Wirkungsweise. Bielefeld: transcript 2012, S. 18.

eine Relevanz von Katharsis begründen, denn die Möglichkeit der kathartischen Wirksamkeit ist auch immer an die emotionale Konstitution gebunden.

2.

Der Begriff der Katharsis versammelt ein schillerndes Spektrum an Übersetzungen, Auslegungen und Umdeutungen, die insbesondere auf die berühmte Stelle im 6. Kapitel der *Poetik* des Aristoteles zurückweisen. Matthias Warstat hebt hervor, dass „[e]s scheint, als hätte jede Epoche ein eigenes, ihr gemäßes Verständnis von Katharsis entwickelt",[3] wobei der Begriff, folgt man der Begriffsübersicht von Theo Girshausen, im Kontext des Gegenwartstheaters „eine gewisse Beliebigkeit" erfährt.[4] Dieses Problem in der begrifflichen Engführung geht vor allem darauf zurück, dass bei Aristoteles keine umfassendere Definition, wie sie im 8. Buch seiner *Politik* angekündigt wurde, überliefert ist. Bernd Seidensticker stellt heraus, dass Aristoteles den Begriff der Katharsis „offenbar als erster in einem rezeptionsästhetischen Sinn" verwendet hat.[5] Daher wird die begriffliche Konturierung bei der Tragödiendefinition angesetzt:

> Die Tragödie ist Nachahmung [mimesis] einer guten und in sich geschlossenen Handlung von bestimmter Größe, in anziehend geformter Sprache, wobei diese formenden Mittel in den einzelnen Abschnitten je verschieden angewandt werden – Nachahmung von Handelnden und nicht durch Bericht, die Jammer [eleos] und Schaudern [phobos]

3 Warstat, Matthias: Katharsis heute: Gegenwartstheater und emotionaler Stil. In: Grenzen der Katharsis in den modernen Künsten. Transformationen des aristotelischen Modells seit Bernays, Nietzsche und Freud. Hg. v. Martin Vöhler u. Dirck Linck. Berlin u. a.: De Gruyter 2009, S. 349–365, hier S. 349.

4 Girshausen, Theo: Katharsis [Art.]. In: Metzler Lexikon Theatertheorie. Hg. v. Erika Fischer-Lichte, Doris Kolesch und Matthias Warstat. 2. aktualisierte u. erweiterte Aufl. Stuttgart/Weimar: Metzler 2014, S. 174a–181a.

5 Seidensticker, Bernd: Die Grenzen der Katharsis. In: Grenzen der Katharsis in den modernen Künsten. Hg. v. Martin Vöhler u. Dirck Linck. Berlin u. a.: De Gruyter 2009, S. 3–20, hier S. 6.

> hervorruft und hierdurch eine Reinigung [katharsis] von derartigen Erregungszuständen bewirkt.[6]

Aristoteles definiert in dieser Passage die Tragödie über den Begriff der Katharsis. Die Katharsis ist zugleich das Ziel der Tragödie und soll über die beiden Affekte *eleos* und *phobos* herbeigeführt werden, die wiederum spezifisch für die Tragödie sind. Es besteht bis heute jedoch keine Einigung in der Übersetzung der Begriffe, die in dem angeführten Zitat mit Jammer und Schaudern übersetzt wurden, aber seit Lessing auch mit ‚Furcht und Mitleid' übersetzt werden oder von Schadewaldt als ‚Jammer und Schrecken'. Hinzu tritt die Frage nach der Auslegung des Genitivs, aus dem sich zwei unterschiedliche Lesarten für die Katharsis ergeben: Ist es erstens: ein *genitivus objectivus*, d. h. eine Reinigung *der* Emotionen, die zur Veredelung und Herausbildung einer moralischen Haltung führt oder ist es zweitens: ein *genitivus separativus*, der wie im Zitat eine Abfuhr *von diesen* Gefühlen beschreibt. Letzteres ist dann mit einer Begriffsbestimmung verbunden, die Katharsis als therapeutischen Vorgang erfasst. In einer langen Forschungstradition haben sich diese beiden Positionen deutlich herauskristallisiert, wobei für beide Deutungsmöglichkeiten starke Argumente angeführt werden, die hier nicht weiter verfolgt werden sollen. Fraglich bleibt, ob die Möglichkeit besteht, beide Ansätze zu vereinen.[7] Auch wenn im Folgenden der Fokus vorzugsweise auf die separative Lesart gelegt wird, gilt es für die Analyse des Gegenstandes, die Merkmale der Tragödie herauszustellen, die das Herbeiführen der Wirkung der

6 Aristoteles: Poetik. Griechisch/Deutsch. Übersetzt u. hg. v. Manfred Fuhrmann. Stuttgart: Reclam 1982, S. 19.

7 Vgl. Seidensticker, Die Grenzen der Katharsis. 2009, S. 15ff. Hier werden auch die Argumentation und Vertreter für die beiden Positionen aufgeführt.

Tragödie und damit Katharsis ermöglichen. Was Warstat zufolge bleibt, ist die Möglichkeit „kathartische *Potentiale* zu benennen".[8]

3.

Die bestmögliche Entfaltung der kathartischen Wirkung findet in der Aufführung statt.[9] Johanna Canaris verdeutlicht, „dass das grundlegende Moment dieser Wirkung [der Tragödie] die Unauflösbarkeit, die Ambiguität der Spannung ist, die im theatralen Moment erfahrbar wird."[10] Sie entsteht im Raum des Theaters zwischen Text, Bühne und Publikum.[11] Katharsis ist außerdem nicht nur das Ziel, das am Ende der Tragödie steht, sondern „in allen Teilen der Tragödie zu finden".[12] Zudem kann die tragische Wirkung nicht ein Durchlaufen von Mustern bedeuten, da sich das Theater immer in ein Verhältnis zu den gegenwärtigen Zeitläufen versetzen muss:

> Das Theater ist die Kunst, die auf mehreren Ebenen auf der direkten Interaktion zwischen Menschen basiert, deshalb muss es sich auch seiner Zeit angemessener Formen bedienen, um wirken zu können. Das bedeutet für die These von tragischen Strukturen durch die Zeit, dass es nicht um die Konservierung oder Reaktivierung von Form- und Aufbauelementen gehen kann. [...] Deshalb muss die Form sich geradezu wandeln, da sie ihrer Zeit und Umwelt angemessen sein muss, um tragische Wirkung zu erzeugen.[13]

8 Warstat, Katharsis heute. 2009, S. 349.

9 Vgl. Canaris, Mythos Tragödie. 2012, S. 18. Seidensticker verdeutlicht, dass für Aristoteles die Wirkung der Tragödie auch allein durch das Lesen des Textes eintreten müsse. Allerdings verdeutlicht er auch, dass die Inszenierung trotz der im Text implementierten Strukturen die Wirkung verfehlen kann. Vgl. Seidensticker, Die Grenzen der Katharsis. 2009, S. 14.

10 Canaris, Mythos Tragödie. 2012, S. 10.

11 Vgl. ebd., S. 18.

12 Ebd., S. 21.

13 Ebd., S. 14.

Neben diesen sehr eng an Theater und Aufführung geknüpften Bedingungen spielen die unterschiedlichen Elemente der Tragödie eine wesentliche Rolle und unterliegen zugleich auch dem eben genannten Einfluss der Zeit.

Eins der wichtigsten Merkmale der Tragödie ist die Nachahmung (*mimesis*). Sie wird in der Katharsisformel gewichtig herausgestellt und durch diese wird Katharsis ermöglicht. Bernd Seidensticker betrachtet „*mimesis* als Medium, in dem die Affekte erzeugt und transportiert werden".[14] Das Nachahmen gibt dem kathartischen Prozess damit die Struktur der Wiederholung. Das Abwesende, die Vorlage, wird aus dem Kontext der Realität losgelöst und als Abbild, das einen Ästhetisierungsprozess erfährt,[15] vergegenwärtigt und wird wieder Realität. Das „Bild-Abbild-Verhältnis" evoziert zugleich Nähe und Distanz. Diese Bedingungen werden zum einen durch den Mythos erfüllt, lassen sich in der Architektur der Tragödie nachzeichnen und betreffen den Helden, der menschlich dargestellt werden muss.[16] Darüber hinaus ist aber auch der Anlage des Chors die Struktur von Bild und Abbild, also das der Wiederholung, eingeschrieben. Der Chor bildet die Gesellschaft ab und setzt sich aus den Bürgern der Gesellschaft zusammen,[17] die als Stellvertreter – als Teil der ästhetischen Umsetzung – in der Aufführung mitwirken. „[D]er Chor" – so Roland Barthes – verleiht „dem Schauspiel seine tragische Dimension [...], denn er, er allein, ist das ganze menschliche Wort, der Kommentar par excellence, und seine Stimme macht aus dem Geschehen etwas anderes als eine bloße Geste".[18]

14 Seidensticker, Die Grenzen der Katharsis. 2009, S. 15.

15 Ebd., S. 4.

16 Ebd., S. 12f.

17 Vgl. Canaris, Mythos Tragödie. 2012, S. 24.

18 Barthes, Roland: Ich habe das Theater immer sehr geliebt, und dennoch gehe ich fast nie mehr hin. Schriften zum Theater. Hg. v. Jean-Loup Rivière u. aus dem Französischen v. Dieter Hornig. Berlin: Alexander 2002, S. 52.

4.

Die repetitive Struktur, die dem Prozess der Katharsis durch die Mimesis eingeschrieben wird, verläuft bei genauer Betrachtung parallel zu der Struktur des Traumas, wie ich unter Rückgriff auf einen Ansatz von Joachim Paech verdeutlichen möchte: Joachim Paech stellt heraus, dass die Struktur des Traumas analog zu der Struktur neuer Medien verläuft. Das Trauma konstituiert sich erst im Anschluss an das Ereignis und figuriert eine Leerstelle, die als Stellvertreter wiederholend erinnert wird. Foto und Film sind ebenso abgekoppelt von dem ursprünglichen Moment der Entstehung, der nachträglich nicht mehr zugänglich ist.[19] Der Schluss von dieser Gemeinsamkeit der Wiederholung hin zu der strukturellen Parallele wird besonders deutlich, wenn man den Fokus auf die Formulierung von Seidensticker legt, der die Mimesis als das *Medium* der Katharsis hervorhebt.[20] Die Distanz zwischen Bild und Abbild, die eine Rückführung unmöglich macht, bildet hier die Parallelität zwischen den drei Phänomenen. Dennoch unterscheidet sich die Struktur der Katharsis von der Struktur des Traumas. Mit der Ästhetisierung geht eine Verfremdung einher, aber es wird keine Leerstelle repräsentiert. Vielmehr bietet sie einen Stellvertreter an, der ästhetisch geformt ist und durch das Maß zwischen Nähe und Distanz, das Herbeiführen der kathartischen Wirkung ermöglicht. Einen Zusammenhang zwischen der Arbeit an Kriegstraumata und der Katharsis stellt auch Hannes Fricke heraus. Unter Bezug auf die Studien von Jonathan Shay und John Winkler verdeutlicht er die Relevanz des Theaters in der Eingliederung von Soldaten in

19 Vgl. Paech, Joachim: Dargestelltes Trauma – Trauma der Darstellung. In: Rendezvous mit dem Realen. Die Spur des Traumas in den Künsten. Hg. v. Aleida Assmann, Karolina Jeftic, Frederike Wappler. Bielefeld: transcript 2014 (= Erinnerungskulturen 4), S. 37–59, hier S. 39.

20 Vgl. Seidensticker, Die Grenze der Katharsis. 2009, S. 12f.

die Gesellschaft, wobei der Chor auch hier die wichtige Rolle der Repräsentation gespielt hat.[21]

5.

Die Troerinnen des Euripides ist das letzte und einzig erhaltene Stück einer ansonsten nur in Fragmenten überlieferten Troja-Trilogie.[22] Die Tragödie wurde 415 v. Chr. uraufgeführt und entstand während des Peloponnesischen Kriegs zwischen Sparta und Athen, der von 431–403 v. Chr. andauerte. Der Stoff richtet sich mit der Botschaft eines Antikriegsstücks an die Athener. Nachdem unter blutrünstigen und langwierigen Ausschreitungen im Jahr zuvor die Insel Melos vereinnahmt wurde und Athen dennoch weiter aufrüstete, setzte Euripides der politischen Entwicklung mit den *Troerinnen* eine Warnung entgegen. Die Athener sollten sich daran erinnern, dass die Sieger über Troja nach Jahren des Kriegs versehrt und erschöpft zurückkehrten und alsbald selber von den Göttern besiegt wurden, da Poseidon für den Untergang seiner geliebten Stadt Troja Rache nahm.[23] Karl Joseph Kuschel stellt heraus, dass viele Bearbeitungen des Stoffes unter ähnlichen politischen Umständen vorgenommen wurden. So hatte Werfel nach Ausbruch des Ersten Weltkrieges *Die Troerinnen* für die Bühne in Wien bearbeitet und Sartre eine Fassung vor dem Hintergrund des französischen Kolonialkrieges vorgestellt. In diese Tradition reiht sich Jens ein und schrieb seine Neudichtung, *Der Untergang*, angesichts der politischen Entwicklung während des Kalten Krieges. So sollten nach dem NATO-Doppelbeschluss von 1979 „in Deutschland schon be-

21 Vgl. Fricke, Hannes: Das hört nicht auf. Trauma, Literatur und Empathie. Göttingen: Wallstein 2004, S. 250f.

22 Vgl. Joerden, Klaus: Troades [Art.]. In: Kindlers Literaturlexikon. 3., völlig neu bearbeitete Aufl. Hg. v. Heinz Ludwig Arnold. Stuttgart/Weimar: Metzler 2009, S. 330b–331b.

23 Vgl. Kuschel, Karl-Josef: Walter Jens: Literat und Protestant. Düsseldorf: Patmos 2003, S. 179.

stehende nukleare Waffensysteme“ modernisiert werden, von denen auch für Deutschland eine ebenso hohe Vernichtungsgefahr ausging. Am 6. Januar 1983 wurde *Der Untergang* in den Hamburger Kammerspielen uraufgeführt. Wie bei Euripides tritt auch bei Jens Poseidon auf und hebt mahnend das Bild der Sieger hervor:[24]

> Die Schiffe voll von Aschekrügen, / die Frauen, / wenn sie am Hafen stehen und warten, / statt des Mannes empfangen werden. / Und die Lebenden: verkrüppelt, müde alt. / ‚Das ist dein Vater, Kind.‘ – ‚Wie? Der da? / Mit den Krücken und dem weißen Haar?‘ / So sieht sie aus, die Heimkehr nach dreitausend Tag. / So sehen Sieger aus.[25]

6.

Die Rede des Poseidons bildet als Prolog und Epilog einen Rahmen um den Kern, der den Mythos um die untergegangene Stadt Troja beinhaltet. Nach der Schlacht um Troja trauern die Frauen um die Toten und den Verlust ihrer Männer. Mit kahlgeschorenen Köpfen, der Weiblichkeit beraubt, folgt für die Frauen nach dem Ende des Krieges die nächste Stufe der Demütigung. Die griechischen Eroberer bemächtigen sich ihrer und unterwerfen sie als Sklavinnen, die unter den Siegern verlost werden. Im Zentrum steht die Figur Hekabe, die Königin von Troja. Der gefallenen Heldin wurde bereits eine Vielzahl der Kinder im Krieg genommen. Angesichts des Schicksals ihrer noch verbleibenden Töchter und ihres Enkels durchlebt sie im Verlauf des Stückes wiederholend den schmerzhaften Verlust dieser. Ihrer Tochter Polyxena, so wird durch den Boten Talthybios exponiert,[26] geht es angeblich gut, da sie am Grab des Archill dient. Erst später wird ihr zugetragen, dass

24 Vgl. ebd., S. 180f.

25 Jens, Walter: Der Untergang. Nach den Troerinnen des Euripides. München: Kindler 1982, S. 10.

26 Ebd., S. 20.

die Tochter als Opfergabe diente.[27] Die Tochter Kassandra wird Agamemnon als Nebenfrau zugelost, die mit Fackeln am Hochzeitstag Rache nehmen will und in ihren Tod geht. So heißt es: „Millionen Sonnen sollen leuchten, / wenn Kassandra Hochzeit hält.“[28] Sie bittet die Mutter, sie in ihrer Standhaftigkeit zu unterstützen: „Helenas Bett, hast du gesagt, / brachte den Griechen Verderben, / aber Kassandras Lager, / hast du gesagt, / bringt ihnen den Tod.“[29] Eine weitere Steigerung vollzieht sich mit dem Auftritt von Andromache. Sie ist die Frau des im Krieg gefallenen Hektor, dem Sohn von Hekabe. Sie erfährt, dass ihr kleiner Sohn Astyanax, der Enkel Hekabes, getötet werden soll, weil er der einzige männliche Erbe von Troja und damit eine Gefahr für die Griechen ist. Mit der Klage der Andromache retardiert die Handlung, bevor der Höhepunkt mit dem Auftritt von Menelaos und seiner Frau Helena folgt. Das Verhältnis zwischen Paris und Helena bildet den Ausgangspunkt für die Schlacht um Troja. Die Verflechtung, dass Paris der Sohn von Hekabe ist, macht die Königin zu einer menschlichen Figur, die nicht in Gänze frei von Unschuld ist, sondern sich in ihrer Erziehung Verfehlungen geleistet hat.[30]

Während Menelaos eingangs noch Rache an Helena nehmen will, wendet sich seine Einstellung und er lässt sich von Helena erneut verführen. Helena beteuert, dass sie im Dienst der Liebesgöttin Aphrodite stand. Für die Frauen von Troja bedeutet dies, dass es keine Gerechtigkeit und kein Gericht über den Fehltritt der Person gibt, die sie ins Unglück gestürzt hat. Die Katastrophe, die sich anschließt, ist der Tod des Säuglings Astyanax und der Mutter Andromache, die sich zusammen mit ihrem Kind von einem Turm gestürzt hat. Im Anschluss soll das Schiff ablegen, mit dem die

27 Ebd., S. 39.
28 Ebd., S. 24.
29 Ebd., S. 26.
30 Vgl. Kuschel, Walter Jens. 2003, S. 186.

Frauen nach Griechenland gebracht werden sollen. Es endet damit, dass Hekabe sich losreißt, auf die brennende Stadt zuläuft, und sich dazu entschließt, in den Tod zu gehen.

7.

Die Entscheidung, *Die Troerinnen* auf den Spielplan zu setzen, hatte Hametner – so er selbst im Interview – nicht getroffen, da er in dieser Spielzeit als Oberspielleiter neu an das Haus kam. Die Idee war schon im Vorfeld getroffen worden und aus einem Zyklus erwachsen, in dem die Spielzeit in der Schauspielsparte mit einem antiken Stoff eröffnet wurde. Dieses Stück zu inszenieren sagte ihm jedoch besonders zu und für die Wahl der Fassung war Hametner klar, dass es eine Fassung sein muss, die die Tragödie ermöglicht. Daher sollte die Fassung auch sprachlich durchformt sein. Mit der rhythmisierten Textform und den intensiven Bildern erfüllt die Fassung von Walter Jens eben diese Anforderung. Hametner betont, dass „Katharsis die durch den Text gebaute Emotionskurve ist und die es zu berücksichtigen gilt."[31] Entsprechend wurde in der Textfassung sehr wenig für die Inszenierung gestrichen.[32]
Der Versatz in die aktuellen Zeitläufe vollzieht Hametner unter dem Gesichtspunkt, dass „Krieg wieder ein probates Mittel der Politik geworden ist".[33] Die Akzente, die in einem sehr zurückgenommenen Bühnenbild gesetzt werden, bieten diese Transferleistung an. Der Ort des Geschehens, der Hafen, an dem die Frauen von Troja warten, ist in Hametners Inszenierung ein Flughafen. Markiert wird dieser durch ein weißes Schild mit mehreren Einschusslöchern und der zweisprachigen Aufschrift „international airport", auf arabisch und englisch. Hier ist zwar der Verweis auf den arabischsprachigen Raum enthalten, aber dennoch findet kei-

31 Hametner, Interview. 2018.
32 Vgl. ebd.
33 Ebd.

ne territoriale Verankerung statt. Dadurch erhält das Bild einen Anspruch auf eine allgemeine Gültigkeit. Es steht eher die aktuelle Lage der Weltpolitik als ein bestimmter Ort auf dem Hinweisschild. Das Bild des Krieges verdichtet sich zudem mit dem Auftritt des Talthybios. Unter ohrenbetäubendem Dröhnen fliegt eine Drohne durch den Bühnenraum. Hinter einem transparenten Vorhang filmt die Drohne mit einer 360°-Drehung die Umgebung. Das Bild wird auf das Flughafenschild projiziert, das hier als Leinwand fungiert. Durch den Schleier wird auch das Publikum gefilmt. Es drängt sich die Frage auf, ob die Inszenierung mit diesem Medieneinsatz einen Bruch erzeugt, der sich als Brecht'scher Verfremdungseffekt aus dem Geschehen löst. Allerdings flüchten die Frauen des Chors vor dem Flugobjekt an den vorderen Bühnenrand, sodass es in den Handlungsverlauf integriert wird. Zudem funktioniert der Medieneinsatz hier im Sinne des bereits herausgestellten Bild-Abbild-Verhältnisses und fügt sich in die kathartische Wirkstruktur.

Der ansonsten schwarze Bühnenraum überlässt den Fokus der Figurendarstellung. Die Farbe Rot, die auch wiederholt durch die Bilder des Textes aufgerufen wird, zieht sich dabei in starker Intensität durch die Inszenierung. Sie wird wörtlich als ein Warnsignal mit der Figur des Poseidon, gespielt von Jens Peter, eingeführt. Poseidon trägt ein rotes Ballkleid, das nach Hametner den Ausdruck des verärgerten Gottes unterstreicht, der verehrt und gefeiert werden möchte. Die androgyn inszenierte Gottheit trägt das pompöse Kleid und schreitet durch die in Mäntel gehüllten Frauen, die auf dem Boden liegen. Die Farbe Rot wiederholt sich später in einem anderen Bild: Nach dem Auftritt der Andromache rufen die Frauen Eos, die Göttin der Morgenröte, an, die Tithonos aus Troja mit sich nahm, die Stadt aber der Vernichtung überlässt. Die Frauen des Chores tragen rote Kleider. Diese sind so unterschiedlich, sodass die Menge zu einer Summe von Individuen wird. Sie spannen ein rotes Tuch, das nach oben gezogen wird, bis es wie die blutrote Sonne

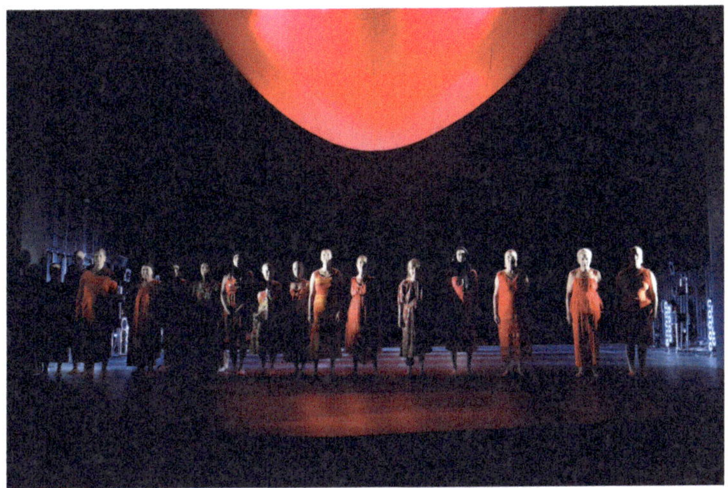

Abb. 1: Der Chor in der Inszenierung *Die Frauen von Troja (Der Untergang)* am Theater Pforzheim, 2017. Foto: Sabine Haymann.

über der Bühne hängt. Die Chorführerin ruft, immer wieder durch den Chor unterstützt, aus: „Tithonos! Troer! Schau, der Himmel brennt! Vor Scham, Verräter, über dich! Eos! Morgenröte! Schirr den Wagen an! Lass alle Himmel mit dem Purpurschimmer deiner Räder leuchten, dem Purpur, der das Rot der Schande ist.“[34] Im Anschluss an die Rede nehmen die Frauen einen roten Lippenstift hervor und die Attribute der Weiblichkeit werden doppelt konnotiert und mit Spannung geladen, denn die Frauen leiden unter dem Verrat und der Schande, die aus den Liebschaften der mächtigen Frauen hervorgeht. Diese Szene bereitet auch den Auftritt von Menelaos und Helena vor. Das rote Tuch, das zugleich auch an das Blutvergießen erinnert, fällt und verbleibt auf dem Boden, wenn Menelaos sein Urteil über Helena spricht.

34 Jens, Der Untergang. 1982, S. 57.

Der Chor setzt sich in der Inszenierung aus Frauen der Stadt Pforzheim zusammen. Sie repräsentieren in einer großen Altersspanne das Bild der Stadt und wirken auf diese Weise identitätsstiftend für das Publikum. Damit übernimmt der Chor die gleiche Funktion wie in der attischen Tragödie.[35] In den Überlegungen zur antiken Tragödie hebt Roland Barthes diese Funktion deutlich heraus: „Das antike Publikum, für das der Chor nur eine Art räumliche Verlagerung war, tauchte selbst in das tragische Geschehen ein, durchdrang es mit seinem Kommentar und ließ sich in der Tiefe des Erkennens vom ungestümen Ablauf erschüttern."[36] Der Chor erfährt in der Inszenierung eine Teilung. Er wird von einem Percussionisten auf der Seitenbühne begleitet, sodass die Entwicklung des Stückes von einer akustischen Stimmung untermalt wird.

Nahezu im gesamten Verlauf des Stückes ist der Chor zusammen mit der Figur der Hekabe, gespielt von Susanne Schäfer, auf der Bühne. An den Grenzen der Kräfte und der Existenz und mit einem übergeworfenen Mantel kriecht sie immer wieder auf dem Boden. Während sie das Leid mehrfach durchlebt, das in der Wiederholung eine Steigerung erfährt, bildet der Extrempunkt dieser Folge ein stummer Schrei, wenn das Bündel ihres toten Enkels auf die Bühne gebracht wird. In der anschließenden Klage verdeutlicht Hekabe kurz vor dem Ende: *„Hier liegt ein totes Kind vor dem sich Griechenland gefürchtet hat."*[37]

In der Inszenierung von Hametner geht Hekabe zum Schluss der Inszenierung jedoch nicht von der Bühne ab, sondern bleibt in Tüchern gehüllt auf dem Boden liegen, während sich im Hintergrund das Bild der brennenden Stadt entzündet und Talthybios den Chor von der Bühne treibt. Die Inszenierung endet mit der Rede des Poseidon, der vor das Gerüst aus entzündeten Metallstangen tritt und

35 Vgl. Canaris, Mythos Tragödie. 2012, S. 24f.

36 Barthes, Die Macht der antiken Tragödie. 2002, S. 53.

37 Jens, Der Untergang. 1982, S. 78.

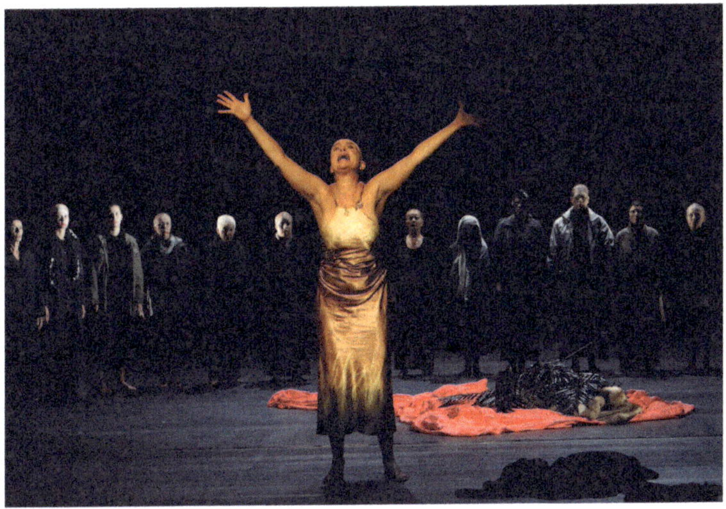

Abb. 2: Susanne Schäfer in der Rolle der Hekabe in der Inszenierung *Die Frauen von Troja (Der Untergang)* am Theater Pforzheim, 2017. Foto: Sabine Haymann.

exzentrisch lachend mit den Worten schließt: „Ihr Narren! Menschen, die ihr glaubt, / man könnte Städte niederbrennen / und aus Gräbern Wüsten machen, / ohne selbst zugrund zu gehen."[38]

8.

Am 23. Februar 1945 erlebte die Stadt Pforzheim kurz vor dem Ende des Zweiten Weltkrieges durch einen Luftangriff selbst ihren Untergang. Die Stadt wurde in 22 Minuten nahezu vollständig zerstört und rund 18.000 Menschen, ein Drittel der Bevölkerung, kam bei dem durch das Bombardement verursachten Feuersturm ums Leben.

38 Ebd., S. 83.

> Auf die Gesamtfläche berechnet waren mehr als zwei Drittel der Stadt zerstört, auf den Innenstadtbereich bezogen liegt die Quote zwischen 80 und 100 Prozent. [...] Gemessen an der Gesamtgröße ist der Zerstörungsgrad Pforzheims vergleichbar mit dem Dresdens und Krefelds.[39]

Dieser Teil der Stadtgeschichte wird auch mit der Inszenierung präsent, da ihre Anlage mit einer Offenheit gestaltet ist, die Raum für ganz unterschiedliche Anknüpfungsmöglichkeiten bietet. Das Antikriegsstück, das eine Lehre und Warnung transportiert, mahnt mit dem Bild der niedergebrannten Stadt in Pforzheim ganz besonders an das Ausmaß der Zerstörungen durch Krieg. Ob diese moralisierende Lesart des Stückes mit der Katharsis und zugleich mit einer therapeutischen Wirkung einhergeht, stellt sich dabei zur Diskussion.

Wenn Katharsis auf ästhetische Weise einen Zugang zu den Emotionen ermöglicht und in einem medizinischen Sinne verstanden wird, so zeigt die betrachtete Inszenierung, wie dieses im Gegenwartstheater möglich ist. Einerseits sind die zentralen Voraussetzungen für die Entfaltung der Wirkung der Tragödie gegeben und andererseits werden sie für das Gegenwartstheater transformiert. Indem ein klarer Fokus auf der Figurendarstellung liegt, unterbreiten sie dem Zuschauer ein Identifikationsangebot. Der Medieneinsatz auf der Bühne unterstützt dabei die Wirkung und integriert sich in die Struktur der Katharsis.

Wenn sich Katharsis zwischen Bühne, Text und Publikum vollzieht, so wurden bisher die Voraussetzungen für die emotionale Konstitution des Subjekts, das die Katharsis erfährt, außer Acht gelassen. Matthias Warstat bringt den schwerwiegenden Einwand

39 Groth, Christian: Pforzheim – 23. Februar 1945. Online abrufbar unter: https://langzeitarchivierung.bib-bvb.de/wayback/20121004142739/http:/www.bombenkrieg.historicum-archiv.net/themen/pforzheim.html (Zugriff am 19.10.2022).

hervor, dass sich die Gesellschaft in einem Zustand der emotionalen Leere, Erschöpfung und Depression befinde, sodass es gar keine angestauten Emotionen gäbe, von denen das Subjekt der Erfahrung befreit werden könne.[40] Wenngleich diese Überlegungen berechtigt sind, möchte ich auf die Einseitigkeit dieses Gesellschaftsbildes hinweisen. Mit dem Blick auf die Relevanz und Aktualität von Kriegstraumata wird ein hohes Maß unverarbeiteter und unzugänglicher Emotionen übersehen. Das Ausmaß ist nicht zuletzt unter dem Diskurs der transgenerationalen Traumata immens. Das Überprüfen oder Unterstellen kathartischer Erfahrung kann in dieser Auseinandersetzung natürlich nicht erfolgen, wohl aber die Freilegung der Wirkungsstrukturen. Versteht man Katharsis als Arbeit an den Emotionen, die über einen ästhetischen Zugang herbeigeführt wird, so ermöglicht der Prozess, Leerstellen stellvertretend zu füllen und Brücken zu bauen.

Im Interview erzählt Hametner, er habe in einem Gespräch eine ganz besondere Rückmeldung zum Stück erhalten. Eine Zuschauerin im Alter von 90 Jahren sagte ihm, sie habe stark geweint und nach dem Krieg sei es für sie das erste Mal eine wirkliche Auseinandersetzung mit den eigenen Emotionen gewesen.[41]

40 Warstat, Katharsis heute. 2009, S. 353ff.

41 Hametner, Interview. 2018.

TEIL II

Moderne und experimentelle Ansätze der Katharsis im Theater

Reinigung in Kantors *Umarła klasa (Tote Klasse)*

Karol Sauerland

1.

Man kann den Aristotelischen Begriff der Katharsis bekanntlich in einem dreifachen Sinn verstehen: als Reinigung eines Objekts (genitivus obiectivus), Reinigung von einem Objekt (genitivus separativus) oder als Reinigung, die von Objekten ausgeht (genitivus subiectivus). Nach Aristoteles wird etwas, konkret eine Handlung, mit dem Ziel nachgeahmt, einen Reinigungsakt vorzunehmen. Schauen wir uns unter diesem Gesichtspunkt Kantors *Umarła klasa* an. Das Überraschende ist, dass in diesem Stück eine Reinigungsfrau bzw. in gutem altem Deutsch eine Reinemachefrau, dargestellt von einem Mann, eine zentrale Rolle spielt.

2.

Schauen wir uns diese Szenen an: Alle Schauspieler haben die Klasse verlassen, in den Bänken sitzen bereits vier Puppen, zwei davon hat Kantor selber dort hingesetzt. Einer der Klassenteilnehmer hat den Pedell hereingefahren. Plötzlich kommt eine große, kräftige Gestalt mit Hut, schwarzem formlosen Kleid und klobigen Schuhen aus dem Dunkel heraus in den Raum vor den Bänken. Mit einem kleinen Handbesen fegt sie etwas Dreck auf die Kehrschaufel, um sie dann hochzuhalten und den Dreck von ihr runterzupusten. Danach sucht sie einen Lappen, findet einen, der sich aber zu nichts eignet. Voller Wut wirft sie ihn weg. Schließlich setzt sie die auf dem Haufen liegenden Puppen sorgfältig unter dem kritischen

Blick Kantors, der als Regisseur immer anwesend ist, in die Bänke. Am Ende freut sie sich.

Wir sehen nun eine Klasse vor uns, wie sie einmal, voller Jugendlicher war. Die Puppen machen den Eindruck, lebendige Knaben und Mädels zu sein, was man daran erkennt, dass sich der zwischen ihnen sitzende relativ junge Mann von ihnen kaum unterscheidet, wobei man betonen muss, dass die Puppen durch ihr trauriges Aussehen wiederum so jung nicht wirken, für manche mögen sie sogar greisenhaft anmuten. Die freudige Miene der Reinemachefrau ob ihres Werks währt nicht lange. Sie erblickt auf einmal einen Haufen mit alten Büchern und Heften, den sie sofort auf die vorderste Bank in kunstvoller Weise aufzustapeln sucht. Am Ende setzt sie sich zufrieden wie nach getaner Arbeit in die erste Bankreihe. Was nun, scheint sie zu überlegen. Schließlich staubt sie einige der Kladden recht brutal ab. Plötzlich kommt sie auf die Idee, eine Kladde aus der untersten Reihe herauszuziehen. Die Folge ist, dass so gut wie alles runterfällt. Mutwillig wischt sie auch noch den Rest, der liegengeblieben ist, weg. Sie setzt sich wieder zurück. Nun sehen wir die gesamte Klasse vor uns, denn der Kladdenhaufen hatte die erste Reihe verdeckt. Die Reinemachefrau schaut auf den Pedell, der wie eine Puppe bzw. Figurine wirkt, und bemerkt, dass er eine Zeitung in der Hand hat. Sie nimmt sie ihm weg und liest darin oder besser daraus laut vor. Erst aus dem Reklameteil, die Seite mit Kochrezepten will sie sich gar nicht erst anschauen. Sie will das Blatt schon wegwerfen, als sie plötzlich die wichtige Notiz entdeckt, dass das Prinzenpaar in Sarajewo ermordet worden ist. Wieder will sie die Zeitung weglegen, aber da fällt ihr eine zweite Mitteilung ins Auge: der deutsche Kaiser habe die allgemeine Mobilmachung in seinem Reich angekündigt. Sie faltet die Zeitung sorgfältig zusammen und erklärt mit einem ironischen Lächeln jedes Wort deutlich aussprechend: ‚No to mamy wojnę' – ‚da haben wir also Krieg'. Darin zeigt sich die Klugheit einer Reinemachefrau, die weiß, was um sie herum gespielt wird. Sie fügt noch hinzu: Die Situation ist geklärt, was den Pedell, der sich als ein lebendiger Mensch und nicht als eine Puppe erweist, veranlasst, die österreichische Kaiserhymne in strammer Haltung zu singen. Selbst die Reinemachefrau ist davon beeindruckt. Sie sitzt nun aufrecht mit ernster Miene, bis der Pedell abmarschiert und den Saal verlässt. Sie weiß nicht, was tun. Schließlich eilt sie dem Pedell hinterher und trägt ihn zurück, setzt ihn auf den Stuhl und gibt ihm die Zeitung wieder in die Hand. Zwischendurch hören wir Stimmen, es sind Teile der Formeln, die die Klasse zuvor von sich gegeben hatte. Sie hallen wie aus der Ferne, die nun die Vorkriegszeit darstellt. Die Reinemachefrau nimmt einen schmutzigen Lappen und fährt mit ihm über den Fußboden, als wollte sie ihn säubern. Sie bekämpft förmlich Schmutz mit Schmutz. Danach langt sie nach einer Bürste, um den Boden zu glätten, aber sie erkennt, dass alles zwecklos ist und verlässt mit ihren Utensilien, der Kehrschaufel, dem Besen und Lappen, den Raum. Die Alten kommen herein und streiten sich wie schon immer, aber auch ihre Einzigartigkeit hervorhebend. Nach einer gewissen Zeit kommt die Reinemachefrau wieder, um die automatisch sich hin und her bewegende Wiege hereinzubringen, die einem kleinen Sarg ähnelt. Das nächste Mal erscheint sie als die Figur des Todes. Mit ihrer besenartigen Sense fegt sie einen Alten nach dem anderen nieder. Sie krabbeln und verstecken sich. Nach einiger Zeit erscheint sie als eine, die die Leichen wäscht. Das geschieht symbolisch, indem sie dem einen das linke Bein mit ihrem schmutzigen Lappen abreibt, einer oder einem anderen den nackten Oberarm. Das recht absurde Geschehen nimmt seinen weiteren Verlauf.

3.

Die Grundaussage des Stücks ist, dass es eine Reinigung im althergebrachten Sinne nicht gibt. Da, wo sie versucht wird, ist sie zugleich mit Vernichtung verbunden. Ordnung in das, was als Unordnung angesehen wird, zu bringen, bedeutet zumeist, geheime Ordnungen zu zerstören.

Wir sehen, wie die Reinemachefrau das alte Klassenbild wieder herzustellen versucht. Die lebendig aussehenden Puppen sollen die einstigen Schüler:innen in Erinnerung rufen. Sie stapelt auch deren Hefte und Bücher zu einem geordneten Haufen, aber dann fällt alles zusammen. Dahinter steckt die Überzeugung: Es war alles Illusion. Und nicht zufällig erblickt sie kurz darauf die Nachricht vom Mord in Sarajewo und der allgemeinen Mobilisierung der deutschen Truppen, was sie mit ihrem gesunden Menschenverstand sofort erkennen lässt, dass in einigen Tagen der Krieg ausbrechen wird. Es ist das Ende der heilen Ordnung, die der Pedell besingt. Sie nimmt den schmutzigen Lappen in die Hand und will den Boden reinigen, Schmutz mit Schmutz säubern, womit Kantor höchstwahrscheinlich demonstrieren will, dass es eine Reinigung aus uns selber heraus nicht gibt. Als Subjekt ist die Reinemachefrau nicht imstande, das Objekt, die Welt, zu reinigen, einzig in Form einer Sensenfrau, gespielt, wie gesagt, von einem Mann. Wir könnten daher auch vom Sensenmann sprechen. Die Objekte kann die Reinemachefrau nur als Leichen reinigen.
Für die Zuschauer erscheint *Umarła klasa* ein Erinnerungsstück zu sein. Sie blicken in die Zeiten vor dem Ersten Weltkrieg und die Jahre während des Zweiten Weltkriegs zurück, als in Polen so gut wie alle Juden und drei Millionen nicht-jüdische Polen ihr Leben verloren. Es gibt eine Szene, in der ein jeder, eine jede in der Klasse die Namen der Verstorbenen aufruft. Es sind polnisch klingende Namen, was aber nicht besagt, dass unter ihnen sich keine Juden befinden. Die Klagelaute während dieser Aufrufe machen eher den Eindruck, dass sie von Juden gesprochen werden, aber oft ist man auch an katholischen Brauch erinnert. Kantor betont in einem Interview, dass er in der Nähe der Kirche geboren wurde, aber gleich daneben habe das jüdische Bethaus gestanden.[42]

42 Siehe: Tadeusz Kantor – Documentario, https://www.youtube.com/watch?v=BfNigfyRfaw (Zugriff am 20.03.2025).

Eine gesonderte Frage ist, ob Erinnerung reinigend wirken kann: reinigend auf Kantor, der die vergangene Zeit mit sich herumträgt, den Untergang der Kultur und der Menschen, die er als Jugendlicher erlebte, und reinigend auf den Zuschauer, der sich der Vergangenheit bewusst wird? Es ist eine eigenartige Welt: voller Kindlichkeit, voller Absurditäten, aber auch voller gegenseitiger Brutalität und jener Brutalität, die von außen kommt. Dieses Außen wird von der Reinemachefrau als Sensenmann verkörpert. Eine völlige Identifizierung von Seiten der Zuschauer mit dem vergangenen Geschehen, das er als ein gegenwärtiges erlebt, ist mindestens aus drei Gründen unmöglich. Erstens gibt es zu viele surrealistische und dadaistische Effekte sowie zu viel Schmutz. Geschieht es um der Effekte willen oder sehen wir hier, wie Alte zu Kindern werden, wenn sie ihre Schulzeit spielen sollen? Andererseits wird man die Kunst der Schauspieler bewundern – ein jeder spielt von Anfang bis zum Ende seine Rolle, an eine Figurine erinnernd. Bewunderung schafft Distanz, denn man achtet weniger auf Inhalt und Handlung, sondern mehr auf das Wie der Darstellung, auf die kunstvollen Bewegungen, das Mienenspiel und das Stimmliche, das in dem Stück eine große Rolle spielt. Die Haltung der Bewunderung erinnert daran, was Brecht zeitweise anstrebte: sitz bequem in einem Sessel und verfolge das schauspielerische Talent so wie bei einem Boxkampf, wo man gekonnte Hiebe und das Ausweichen vor ihnen mit Genugtuung zur Kenntnis nimmt.

Aber das Wichtigste ist ein Drittes, welches Kantor seit dem in der deutschen Besatzungszeit verfassten Stück *Powrót Odysa* (*Die Rückkehr des Odysseus*) verfolgt – es handelt sich hier nicht um die Rückkehr aus Troja, sondern aus dem Totenreich –: Der Zuschauer/die Zuschauerin soll die Rückkehr der Toten aus ihrem Reich mit Schauer erleben, wobei diese nicht als Gereinigte zurückkehren, sondern als Elende, die sich während ihres Hierseins mit Kleinigkeiten niedrigster Art, welche einst ihre Wichtigkeit besaßen, abgeben bzw. abgeben müssen. Kantor spricht von „Realność

Najniższej Rangi", Realität der untersten Stufe. Seine Schauspieler, die wir uns wie gesagt als Tote vorstellen sollen, sind zumeist nicht nur Alte, sondern auch Behinderte, geistig Beschränkte oder leicht Verrückte; kaum findet sich ein gesunder junger Mann oder eine gesunde junge Frau unter ihnen. Dieses Dritte ist der tiefe Sinn dessen, was Kantor *teatr* śmierci (Theater des Todes) nannte.

Das erinnert an das berühmte Stück *Dziady* (Totenfeier) von Adam Mickiewicz, zu dem sich Kantor offen bekennt. Wie dieser, Polens führender Romantiker, ist Kantor der Überzeugung, dass wir uns von den Toten nicht trennen können. Wir sind mit ihnen stärker verbunden als mit unserer Gegenwart. Das Leben kann man in der Kunst, erklärte Kantor in seinem *Traktat über den Tod,* nur durch dessen Fehlen, durch die Berufung auf den TOD, durch SCHEIN, durch LEERE und Mangel an MITTEILUNG zum Ausdruck bringen. Daraus lässt sich der Schluss ziehen: die Reinigung erfolgt im Bekenntnis zum Tod und den Toten. Sie sind in eigenartiger Form wiederauferstanden, nämlich als figurinenartige Schauspieler:innen. Sie verbleiben jedoch nur kurz im Leben. In der *Umarła klasa* sorgt die Reinemachefrau dafür. Kantors Hoffnung ist, dass die Zuschauer den Saal mit einem metaphysischen Schauer verlassen. Eine Katharsis besonderer Art!

Sie ist es auch deswegen, weil Kantor die bisherigen Gepflogenheiten, dass man im Theater den Tod – sei es den unverdienten, sei es den verdienten – bedauert, während wir in dem Stück nicht den Tod erleben, sondern Toten begegnen. Diese Begegnung macht uns bewusst, wie schwer es ist, sie in unsere Welt aufzunehmen. Sie sind die absolut Anderen, die Fremden. Nach Kantor zeichnet sich die Welt der Lebenden durch Ununterscheidbarkeit aus. Wir sind alle gleich, weswegen wir schnell miteinander Beziehungen, wenngleich verschiedenartigster Natur, eingehen können. Dies ist den Toten gegenüber nicht möglich. Wir müssen sie individualisieren (Kantor gebraucht dieses Wort nicht), was uns nur beschränkt gelingt. Sie bleiben für uns maskenhaft. Kantor scheint dies unbewusst zu erkennen, indem er den Schauspielerinnen und Schauspielern auferlegt, puppenhaft, als Figurinen bzw. Mannequins, ihre Rolle zu spielen. Sein Credo für das Maskenhafte begründet er allerdings ganz anders, deswegen gebrauche ich das Wort unbewußt.

Bertold Brecht versuchte, eine antiaristotelische Dramentheorie zu entwickeln, aber wirklich antiaristotelisch ist Kantor eingestellt. Er ist es in einem Maße, dass er sich für Aristoteles überhaupt nicht interessieren muss. Seine Helden haben bereits ihr Schicksal hinter sich.

Formen biografischen Theaters und Katharsis

Julia Lind

Eine alte Frau betritt die Bühne und erzählt aus ihrem Leben. Sie erinnert sich an eine Szene aus ihrer Kindheit, die sich tief in ihr Gedächtnis eingebrannt hat. Trotz des großen zeitlichen Abstands fühlt sie immer noch die Beklemmung der Situation und empfindet Scham. Das Publikum kann nachvollziehen, wie ihre Stimme stockt und ihr Körper auf die Erzählung reagiert. Sie erzählt, wie sie als junges Mädchen im Bus fuhr und einer älteren Frau einen Sitzplatz anbot. Diese lehnte ab und zeigte stumm auf den Davidstern auf ihrer Innenjacke. Das Mädchen begreift in diesem Moment, dass die Frau aufgrund ihrer religiösen Zugehörigkeit diskriminiert wird. Gefühle von Ohnmacht, Angst und Wut sind zu spüren; die Erzählung der alten Frau löst bei den Zuschauenden Beklemmung aus. Die durch die erinnerte Szene ausgelösten Gefühle werden mit der Zuschauerschaft geteilt; eine Wirkungsästhetik entsteht, die nach Aristoteles mit dem Begriff der Katharsis im Sinne einer „Reinigung von Affekten" beschrieben werden könnte. Während des performativen Akts der Erzählung treten die mit dieser Erinnerung verbundenen Gefühle hervor; im Wechselverhältnis zwischen Darstellenden und Zuschauenden werden diese Emotionen während der Aufführungssituation wahrgenommen und übertragen.[1] Zudem kann für die Darstellerin bzw. die alte Frau als Effekt eine „reinigende" Wirkung angenommen werden, da diese sich von belastenden

1 Vgl. Fischer-Lichte: Ästhetik des Performativen. Frankfurt a. M.: Suhrkamp 2004, S. 82 f.

Erinnerungen befreien bzw. diese während des theatralen Aktes mit den Zuschauenden teilen konnte.

Solche Zusammenhänge zwischen Formen des biografischen Theaters und Katharsis, möchte ich im Folgenden diskutieren. Hierbei werde ich mich von dem ursprünglichen Begriff der Katharsis aus der Poetik des Aristoteles etwas entfernen. Der von Aristoteles geprägte Begriff der Katharsis ist stark an den Begriff der Tragödie gekoppelt. In der Poetik legt er dar, inwiefern durch eine gut aufgebaute Handlung in der Tragödie die Affekte Eleos und Phobos bei den Zuschauenden ausgelöst bzw. diese Gefühle bei den Zuschauenden hervorgerufen werden. In diesem Sinne lässt sich Katharsis als Entladung und gleichzeitig Reinigung von Affekten verstehen.[2] Wie Matthias Warstat in seiner erhellenden Studie „Krise und Heilung" (2011) zu Wirkungsästhetiken des Theaters darlegt, ist die von Aristoteles bestimmte Katharsis der griechischen Antike eng mit bestimmten Produktions- wie Rezeptionsbedingungen verbunden, d.h. Theaterkonventionen, die sich heute ganz anders darstellen. Die von Aristoteles angenommenen Grundvoraussetzungen der Katharsis – der Handlungsdramaturgie sowie die (ungebrochenen) Identifikation mit der Figur stimmen mit den Theaterkonventionen zeitgenössischen Theaters oftmals nicht mehr überein. Während wir im antiken Theater auf der Produktionsebene von einem handlungsbasierten Theater sprechen können mit einem spannungssteigernden Aufbau, der mit dramaturgischen Begriffen wie Exposition, Peripetie und Katastrophe beschrieben werden kann, ist selbst im Literaturtheater bzw. im dramenbasierten zeitgenössischen Theater eine solche Handlungsdramaturgie eher die Ausnahme. Auch die ungebrochene Einfühlung in die handelnden Figuren, welche ja als Voraussetzung für das Mitleiden und Fürchten angenommen wird, entspricht nicht der Norm. Stattdessen tendiert

2 Vgl. Aristoteles: Poetik. Griechisch/Deutsch. (Universal-Bibliothek) Stuttgart: Reclam 2005, S. 19.

das zeitgenössische Theater zur offenen Handlungsdramaturgie, zur Verfremdung und Distanzierung von der Identifikation mit Figuren; es tendiert auch zu Formen postdramatischen Theaters, die die Inszenierung von Körper, Raum, Zeit und Bewegung ins Zentrum der Wahrnehmung rücken und in denen der handlungsbasierte Katharsis-Begriff nach Aristoteles nur noch eine Variante darstellt. Auch im Hinblick auf die Rezeptionsebene lässt sich die Frage aufwerfen, ob der moderne Zuschauende mit dem antiken vergleichbar ist. Sind die heftigen körperlichen Reaktionen auf das Wahrgenommene heute noch genauso denkbar? Gerade die Rezeptionsebene ist jene, die die meisten Fragen aufwirft und in der Rezeptionsgeschichte der Poetik unterschiedlich interpretiert wurde. Erhoffte sich Lessing in der Hamburgischen Dramaturgie durch die Katharsis eine Veredlung des Menschen bzw. sah in der Wirkungsästhetik, ein Instrument, um die moralische Gesinnung des Zuschauers zu stärken, verweist Edward Bernays in *Grundzüge der verlorenen Abhandlungen des Aristoteles über die Wirkung der Tragödie* (1857) auf die medizinische Dimension des Katharsis-Begriffes. Bernays ordnet den Begriff in den Kontext des antiken Schamanismus ein und verweist auf Heilungsrituale, welche das Ziel hatten, die Körpersäfte des Menschen wieder in ein Gleichgewicht zueinander zu bringen. Diese medizinische Lesart der Katharsis wurde in der Folge von Josef Breuer und Sigmund Freud im Kontext der Psychoanalyse aufgegriffen.[3] Warstat weist in diesem Zusammenhang darauf hin, dass die Wirkungsweise der Katharsis, d. h. die körperliche Abfuhr von zuvor angestauten Gefühlen, auf eine Problematik des modernen Menschen stößt. Diese Zusammenhänge werden deutlich in Thomas J. Scheffs 1979 veröffentlichten Studie „Explosion der Gefühle. Über kulturelle und therapeutische Bedeutung kathartischen Erlebens“, die aufzeigt, auf welche Weise

3 Vgl. Warstat, Matthias: Krise und Heilung: Wirkungsästhetiken des Theaters. Paderborn: Fink 2011, 32 f.

spontane emotionale Abreaktionen wie Lachen, Weinen, Brüllen in modernen Gesellschaften blockiert werden. Scheff arbeitet heraus, dass insbesondere negative Emotionen wie Wut, Scham, Eifersucht gelernt werden zu unterdrücken.[4]
Folgt man Scheffs Theorie, dass in der alltäglichen Welt Gefühle nicht ausgelebt werden können, so ließe sich das Theater als soziokulturelle Raum verstehen, in dem diesen Gefühlen Ausdruck verliehen werden kann. Das Theater wäre damit ein Ort, an dem in erlaubter, geordneter Form angestaute, blockierte Gefühle körperlich-affektiv abreagiert werden können. Ein Raum der Versammlung, in dem sich die Aufführung im Wechselverhältnis zwischen Darstellenden und Zuschauenden vollzieht und beim Zuschauen des Dramas auf der Bühne, Kränkungen nacherlebt, emotionale Verletzungen durchlitten und Rachegefühle nachempfunden werden können. Wie groß diese Effekte sind, welche Erleichterung sie tatsächlich schaffen, ist schwerlich nachzuweisen. Auch gilt es zu bedenken, dass bei kulturellen Veranstaltungsformaten wie Rockkonzerten oder Sportveranstaltungen das Potential zur Abreaktion größer erscheint als in dem meist durch bildungsbürgerliche Konventionen gerahmtem Theater.
Neuere soziologische Forschungen differenzieren Scheffs These der Gefühlsblockade und geben noch andere Aspekte zu bedenken, die den Emotionshaushalt des modernen Menschen steuern. Sie nehmen dabei die Thematisierung und Präsentation von Gefühlen in der individualisierten modernen Gesellschaft in den Blick. In der modernen Mediengesellschaft und insbesondere auf sozialen Plattformen herrsche ein Selbstdarstellungszwang, so die Soziologin Eva Illouz, der die Menschen dazu anleite Gefühle sehr bewusst und präzise darzustellen. In diesem Zusammenhang spricht sie von einem emotionalen Stil, der das öffentliche wie private Leben beherrscht und durch Sprech-/Analyseformate der Psychoanalyse und

4 Vgl. Warstat, Krise und Heilung. 2011, 95 f.

dem Trend zur Selbstoptimierung beeinflusst sei. In ihrer Argumentation bringt sie die Mechanismen des Marktes mit dem diagnostizierten emotionalen Stil in Verbindung und stellt anhand Untersuchungen zu medialen Formaten, wie z. B. digitaler Partnersuche, dar, inwieweit der gesellschaftliche Erfolg bzw. die Teilnahme an diesen Formaten an die Kompetenz gekoppelt ist, die eigenen Gefühle passgenau darzustellen. Als Reaktion auf diesen Darstellungszwang stelle sich vermehrt das Gefühl der Erschöpfung ein, das modernen Subjekt fühle sich von diesen Kommunikations- wie Darstellungszwängen überfordert. Warstat führt aus: „Diese dem Subjekt abverlangte Kreativität und Stilsicherheit in der Gestaltung der eigenen Gefühle mündet derzeit […] in eine weitverbreitete Erschöpfung. Zugespitzt könnte man sagen: Der moderne Mensch ist nicht emotional blockiert, sondern erschöpft."[5]

1.

Bleibt zu fragen, ob das Theater ein Ort ist, an dem das erschöpfte Subjekt von den medialen Selbstdarstellungszwängen befreit werden kann bzw. Erleichterung findet. Obgleich die Bedingungen des modernen Theaters so grundverschieden sind, ist der Katharsis-Begriff in der Diskussion über das Theater omnipräsent und wird auf verschiedenste Formen zeitgenössischen Theaters angewendet, um bestimmte Wirkungsästhetiken zu beschreiben. In abgewandelter Form lässt sich auch hier Erleichterung, Abreaktion von Gefühlen beobachten, allerdings nicht im klassischen Sinne. So kann einerseits argumentiert werden, dass emotionale Stile, die mit Erschöpfung, Überforderung und depressiven Zuständen einhergehen, vom zeitgenössischen Theater variantenreich aufgenommen und in Szene gesetzt werden. Warstat argumentiert, dass in der zeitgenössischen Theatersituation sich die Aufmerksamkeit des Publikums weniger auf die vom Schauspiel dargestellte Figur, denn auf die Person des

5 Ebd., S. 103.

Schauspielers selbst konzentriert. Er führt aus: „Furcht und Mitleid, die beiden für die Katharsis konstitutiven Emotionen, haben auch im Gegenwartstheater ihren Platz. Allerdings richten sich diese Affekte heute mehr auf den Schauspieler selbst als auf möglicherweise dargestellte Figuren"[6]
Durch diese Verlagerung der Aufmerksamkeitsspanne des Zuschauers vom internen hin zum externen Kommunikationssystem ist auch die für Aristoteles notwendige Distanzhaltung des Zuschauers nicht mehr notwendig gegeben. Je nachdem wie stark der Zuschauer vom körperlichen Spiel des Schauspielers affiziert wird, möglichweise mit dessen Anstrengungen mitleidet, ändert sich der Grad der Distanz. Diese Vorgänge werden deutlich in körperzentrierten Theaterinszenierungen wie der Macbeth-Inszenierung von Jürgen Gosch am Düsseldorfer Schauspielhaus 2005. Die Schauspieler:innen erscheinen größtenteils nackt auf der Bühne, ihr Verhalten ist durch emotionale Überforderung und Irrationalität geprägt; sie schreien, wimmern, keuchen und der Text wird undeutlich gesprochen.[7] Die Zuschauenden bleiben nach dieser extremen körpernahen Darstellung verstört zurück. Auch durch Formen des partizipativen Spiels können bei den Zuschauenden Schockmomente erzeugt werden, etwa in Theaterproduktionen, in denen das Publikum überraschend in das Spiel mit einbezogen wird und Momente der Intimität entstehen. Gerade bei solchen Grenzüberschreitungen kann von einer Distanzhaltung wie Aristoteles sie für die Theatersituation annimmt, keine Rede mehr sein. Unter den Vorzeichen des Postdramatischen müssen Nähe und Distanz

6 Warstat, Mathias: Katharsis heute: Gegenwartstheater und emotionaler Stil. In: Vöhler, Martin; Dirk Linck: Grenzen der Katharsis in den modernen Künsten. Transformationen des aristotelischen Modells seit Bernays, Nietzsche und Freud. Göttingen: De Gruyter 2009, S. 362.

7 Fischer, Karin: Macbeth als Männerrunde. Deutschlandfunk 2005. Online unter https://www.deutschlandfunk.de/macbeth-als-maennerrunde-100.html (Zugriff am 06.03.2024).

zu den Schauspielenden immer wieder neu ausgehandelt werden. In diesem Sinne rückt im zeitgenössischen Theater die situative Katharsis in den Vordergrund. Weniger das Abreagieren von angestauten Gefühlen ist hier gemeint, sondern eine Art Erleichterung beim Beobachten des Schauspielers in Krisensituationen, die man selbst aus dem Alltag kennen könnte:

> Die Regisseure der Gegenwart neigen dazu, ihren Schauspielern auf der Bühne echte Krisensituationen zuzumuten. Es ist anzunehmen, daß das Betrachten solcher Peinlichkeiten und Kalamitäten den Zuschauer vorübergehend von dem Druck befreit, mit dem die Darstellungsanforderungen des Alltags auf ihm lasten.[8]

2.

Insbesondere Formen biografischen Theaters, in denen Laiendarsteller:innen eigene Lebenserfahrungen und Krisen auf der Bühne inszenieren, haben das Potential für eine situative Katharsis. Biografische Theaterarbeit ist nach Norma Köhler als Produktionsverfahren definiert, das die eigenen Lebensgeschichten der Darsteller:innen inhaltlich und konzeptionell in das Zentrum der Theaterarbeit rücken.[9] Theaterproduktionen unterstehen dabei einem komplexen Verständnis von Biografie, da die Biografie des inszenierten Subjekts als „Prozess, Produkt, Potential" verstanden wird (Theodor Schulze).[10] In dieser Dreiteilung sind die drei Zeitebenen Vergangenheit, Gegenwart und Zukunft enthalten. In der kreativen Auseinandersetzung mit der eigenen Lebensgeschichte entwickelt das Subjekt sein Selbstbild und erkennt Potentiale des eigenen Ichs für das zukünftige Leben. Die Theaterproduktionen basieren

8 Warstat, Katharsis heute. 2009, S. 365.

9 Köhler, Norma: Biografische Theaterarbeit zwischen Kollektiver und individueller Darstellung: ein theaterpädagogisches Modell. München: kopaed 2017, S. 20.

10 Ebd.

nicht auf einem vorgefertigten Script oder Theatertext, sondern sind prozessorientiert. Die Szenen werden entweder in individualisierenden oder kollektivierenden Verfahren in Zusammenarbeit mit dem Spielleiter bzw. der Spielleiterin erarbeitet. Bereits für den Proben- und Produktionsprozess lassen sich Bezüge zur Katharsis in ihrer heilenden bzw. therapeutischen Dimension herstellen. Die Methoden des biografischen Theaters basieren auf theatertherapeutische bzw. theaterpädagogische Ansätzen. Ein wichtiger Ansatz bildet der des Psychiaters Jakob Moreno, der das Psychodrama bzw. Verfahren der szenischen Didaktik entwickelte. In diesem stellen Patient:innen autobiografische Erfahrungen im Rollenspiel dar, um Fremd- und Selbstwahrnehmung zu schulen und Distanz zur eigenen Wahrnehmung zu entwickeln. Ähnlich diesen psychotherapeutischen Verfahren arbeitet die produktionsorientierte Theaterpädagogik mit Techniken des Devising Theatres, wobei unterschiedliche Biografie-Generatoren genutzt werden, um eine biografische Sammlung zu erstellen. Köhler fasst zusammen: „Starting Points der Theaterarbeit sind Erinnerungen, Befindlichkeiten, Meinungen, Anliegen, Gedanken, Anekdoten, Geschichten und Selbstbilder der Akteure, die als biografisches Material generiert, somit sichtbar gemacht und als Arbeitsgrundlage genutzt werden."[11] Auch nutzen die Spielleiter:innen Methoden der journalistischen Recherche oder der Oral History. Die biografische Theaterarbeit ist somit ein stark selbstreflexives Verfahren, in der Distanz zu sich selbst erzeugt wird und eine Vorstellung von der eigenen Persönlichkeit bzw. eine Gruppenidentität entsteht. Die Laiendarsteller:innen üben sich darin, Selbstbeschreibungen zu entwickeln, Gefühle zu versprachlichen und in Szenen darzustellen. Mit dieser sozialen Theaterarbeit sind Wirkungsästhetiken verbunden, welche mit der Denkfigur der Katharsis, dem dialektischen Modell von Krise und Heilung assoziiert werden können. So ließe sich mit Scheffs überlegen, inwiefern

11 Köhler, Biographische Theaterarbeit, 2017, S. 23.

angestaute oder blockierte Emotionen in diesen Verfahren ein Ventil erhalten, und ob durch den künstlerischen Ausdruck eine Art Heilung stattfindet. Darüber hinaus kann im Rahmen des biografischen Theaters die Kompetenz der Biografizität gestärkt werden, das heißt durch die künstlerische Gestaltung der eigenen Lebensgeschichte kann das eigene Selbst bewußter wahrgenommen und die von Warstat beschriebene Inszeniertheit des Alltags bzw. der von Illouz beobachtete Selbstdarstellungszwang reflektiert werden. In diesem Sinne umfasst biografisches Theater eine soziale als auch eine ästhetische Dimension. Die Selbstthematisierung der eigenen Biografie im Rahmen des Theaterspiels ermöglicht dem Akteur/ der Akteurin sich selbst „neu" zu sehen und es entsteht eine Distanz zur eigenen Lebenswelt. Diese Differenzerfahrung ermöglicht eine ästhetische Erfahrung, d.h. sein Selbst unabhängig vom „Zwang und Routine der alltäglichen Rolle" (Jauß) zu erfahren und im spielerischen Zustand des „als ob" alternative Handlungsweisen zu erproben.[12] Wie auf dem Literaturmarkt oder in TV-Formaten ist seit den 2000er Jahren auch im Theater ein regelrechter Boom hin zu biografischen Theaterformen zu beobachten. Dies äußert sich einerseits bei professionellen Performancegruppen wie Rimini-Protokoll oder She She Pop, die mit Laiendarsteller:innen und dem Konzept des dokumentarischen Theaters arbeiten. Andererseits ist im kulturellen Feld der Theaterpädagogik seit den 1990er Jahren der Trend zur produktionsorientierte Theaterpädagogik zu beobachten. Ästhetisches Lernen und künstlerische Gestaltungsprozesse werden in den Mittelpunkt gerückt, um zu lernen „ästhetische Phänomene, Prozesse und Produkte in ihrer Wirkung und Inszeniertheit zu verstehen, mit ihnen reflexiv kritisch umzugehen, um damit wiederum ästhetische Kommunikation initiieren zu können."[13] Am Beispiel des Freien Werkstatt Theaters Köln, das seit den 1970er

12 Vgl. ebd., S. 21.

13 Köhler, Biographische Theaterarbeit. 2017, S. 22.

Jahren Theater mit älteren Menschen realisiert, möchte ich den Zusammenhang zwischen biografischer Theaterarbeit und Formen der Katharsis weiter veranschaulichen.

3.

Die Theaterproduktion „Ausgetrickst“ (2016) handelt von Trickbetrug mit der Zielgruppe ältere Menschen und ist in Zusammenarbeit mit der Polizei Köln entstanden. In kurzen Szenen stellen die Schauspieler:innen des Ensembles beispielhaft dar, welche verschiedenen Strategien diese Betrüger anwenden, wie sie besonders auf die Gefühlsebene und auf den in der älteren Generation meist anerzogenen Gehorsam vor Autoritätspersonen abzielen. In einer Szene steht ein ehemaliger Verehrer mit einem überdimensionalen Blumenstrauß an der Wohnungstür einer älteren Frau und umgarnt sie. Die Frau ist verwirrt, traut sich aber nicht zuzugeben, dass sie den Mann noch nie gesehen hat und lässt ihn herein. In einer anderen Szene ist ein angeblicher Kriminalbeamter am Telefon, der unter Verweis auf die Rufnummer 110 eine ältere Frau anweist, ihre Wertsachen der Polizei zu übergeben. Auch wenn diese Szenen verfremdet und durch brechtsche Mittel aufgebrochen werden, wirken sie sehr authentisch und nahbar. Aberwitzige Fälle von Betrug werden durch die dargestellte Verunsicherung und Hilflosigkeit der Alten sinnfällig; die Gefährlichkeit und Manipulationskraft der angewendeten Strategien nachvollziehbar. Selbstkritisch reflektieren die Darstellerinnen die eigene Unsicherheit und tauschen sich über ihre eigenen biografischen Erfahrungen mit Trickbetrug aus. Eindringlich wenden sie zum Schluss der Inszenierung direkt ans Publikum und bitten dieses souverän zu bleiben, sich nicht verunsichern oder unter Druck setzen zu lassen, wenn ihnen solche Situationen passieren.[14]

14 Das Freie Werkstatt Theater Köln: „Ausgetrickst“ (2016). Online unter https://www.youtube.com/watch?v=LtPhoF2PqsI (Zugriff am 05.03.2024).

Die Verbindung von autobiografischer Erfahrung und Darstellung gesellschaftskritischer Themen und Konflikte ist exemplarisch für die Arbeitsweise des Kölner Altentheaterensembles. Dieses wurde 1979 von Dieter Scholz und Edelgard Seebauer als erstes Altentheaterensemble in der Bundesrepublik Deutschland am Freiten Theater Köln gegründet.[15] Seitdem entstehen kontinuierlich Theaterstücke nach der biografischen Methode, d. h. auf der Grundlage der Lebenserfahrungen der Spieler:innen. Das zu Grunde liegende Konzept des gesellschaftlich eingreifenden Theaters ist geprägt durch gesellschaftspolitische Ideen der 68er Bewegung, es entspricht dem Anspruch über kulturelle Bildung bzw. mit den Mitteln der Kunst, Kreativität, Gemeinsinn und Gemeinschaft zu fördern, den Einzelnen an der Gesellschaft partizipieren zu lassen, einen öffentlichen Raum für diese marginalisierte Zielgruppe, deren Probleme, Ängste, Träume zu ermöglichen. Die Theaterproduktionen mit Titeln wie „Wir, die Alten" (2007) oder „Herbstreise" (1995) sind nach Leitmotiven strukturiert und collagenartig angelegt. Komische Slapstick-Einlagen, musikalische Szenen, Tanzeinlagen wechseln sich mit ernsteren Monologszenen und poetischen Erinnerungsbildern ab. Neben individuellen Lebensgeschichten werden von der Gruppe auf ironische Weise Klischees über die Alten dargestellt und mit satirischen Strategien gesellschaftliche Problemlagen in Szene gesetzt.

Diese Eigenschaften des Altentheaters bringen auf Produktions- wie Rezeptionsebene verschiedene Wirkungsästhetiken hervor. Auf der Produktionsseite gehen mit der Generierung des biografischen Materials kathartische Momente einher. So kann die Probensituation auch mit einem „psychotherapeutischen Setting" verglichen werden. In der geschützten Probensituation wird im Rahmen von Gruppen- und Einzelgesprächen, improvisierten Gruppen- und Partnerszenen, Meditationen und Phantasiereisen als Schreib- und

15 https://altentheater.de/chronik/ (Zugriff am 11.02.2018).

Erzählimpuls eigene Lebensgeschichte erinnert, versprachlicht und in ästhetische Formen gebracht. Wie in einer Therapie-Situation kommen unterdrückte Gefühle, Ängste, Aggressionen, Sehnsüchte zum Ausdruck und können sich im Sinne der Psychoanalyse von Freud/Breuer entladen. Auf der Rezeptionsseite bewirkt die Konfrontation mit dem alternden Körper eine Form von Katharsis: Ähnlich der Wirkungsästhetik der Macbeth-Inszenierung von Jürgen Gosch ziehen die Spieler:innen des Altentheaters allein aufgrund ihrer Körperlichkeit Aufmerksamkeit auf sich und erzeugen verschiedenste Emotionen. Der hier ins Blickfeld gerückte gealterte Körper bezeugt die dargestellte Lebensgeschichte und kontrastiert möglicherweise die in anderen Medien dominierende Sichtweise auf die Gruppe der Alten. Auf der semantischen Ebene birgt die Konfrontation mit Zeug:innen deutscher Geschichte einen subjektiven Blick auf deutsche Geschichte und es wird eine „Geschichte von unten" praktiziert. Die individuellen Erinnerungen an alltägliche Szenen und Judenverfolgung während der Zeit des Nationalsozialismus realisiert eine theatrale Form des sozio-kulturellen Gedächtnisses, die sich durch den Live-Effekt möglicherweise nachhaltiger einprägt bzw. wahrgenommen wird als medialen Formen der Geschichtsdarstellung.

Insgesamt scheint die Wirkungsästhetik des biografischen Theaters eng an das Konzept des Authentischen, der Zeugenschaft und des Wahrhaftigen gekoppelt. Ein Theater, das gesellschaftliche Problemlagen durch die Akteure spiegelt und Rückkopplungseffekte zwischen Leben und Kunst fördert. Das Konzept des theatrum mundi bzw. des Lebenstheaters (Goffman) wird im Theaterspiel nachvollzogen. Anders als in medialen Reality-Formaten gibt diese Form des sozialen Theaters einen zwischenmenschlichen Raum, um über Selbstdarstellungsstrategien nachzudenken und soziale Rollen spielerisch zu erproben. Die biografische Theaterarbeit kann demnach ein erweitertes Verständnis für gesellschaftliche Problemlagen und Zusammenhänge bewirken, festigt die eigene Persönlichkeit und fördert Verständnis für andere Lebenssituationen. In der biografischen Theaterarbeit des Altentheaters werden soziokulturelle Gedächtnisprozesse ins Zentrum der Aufführung gerückt und altersbedingte Themen und Gefühlslagen wie Einsamkeit, Depression, Überforderung mit theatralen Mitteln ästhetisiert und verarbeitet. Inwiefern die mit diesem Theatermodell einhergehende Wirkungsästhetik mit dem Konzept der Katharsis beschrieben werden kann, bleibt offen. Sicherlich sind Momente von Krise und Heilung auf Rezeptions- wie Produktionsseite zu beobachten, doch können diese nicht als allgemeine Eigenschaft dieser Theaterform festgelegt werden, da diese immer durch individuelle Wahrnehmungsprozesse bedingt sind.

Reinterpretation des Begriffs der Katharsis

Überlegungen zu forecast: *ödipus, living on a damaged planet* (τύφλωσις, II) von Thomas Köck

Joanna Gospodarczyk

Der Begriff Katharsis im Theater wird mit Referenz auf die *Poetik* von Aristoteles betrachtet. Der Bezug ist als Ursprung der theoretischen Auseinandersetzung mit der Tragödie und ihrer Unterscheidung von anderen Künsten naheliegend. Der vom Stagirit sehr offen erörterte Begriff[1], der mit der Vorstellung eines Ziels der Tragödie gleichzusetzen ist, wird sowohl strukturell als auch inhaltlich mit der Mimesis, dem Aufbau der Handlung, dem Charakter sowie ihrer Übermittlung in der Sprache in Verbindung gebracht. Daraus resultiert die ästhetische Wirkung, die als Reinigung von auftauchenden Affekten und Vertiefung von Erkenntnissen, die eine Art Behagen beim Rezipienten hervorrufen soll, wobei hier verschiedene Lesarten und Interpretationen möglich sind (rezeptionsästhetische, psychologische, medizinische, ethische, intellektuelle).[2] In diesem Beitrag folge ich dem rezeptionsästhetischen Ansatz in der Lektüre der *Poetik* durch H.D.F. Kitto, Leon Golden sowie Hans-

1 „In historischer Betrachtung erweist sich die Kategorie seit ihrer Wiederentdeckung in der Renaissance als eine Leerformel, die in unterschiedlichen Zeiten und kulturellen Zusammenhängen für höchstverschiedene Wirkungen einstehen konnte." In: Warstat, Mathias: Krise und Heilung. Wirkungsästhetiken des Theaters. München: Wilhelm Fink Verlag 2011. S. 31.

2 Vgl. Aristoteles: Poetik. Kapitel 6-18. Warstat unterscheidet drei Möglichkeiten: Reinigung durch die Affekte, Reinigung der Affekte, Reinigung von den Affekten, vgl. ebd. S. 32.

Thies Lehmann. Sie beziehen sich auf die aristotelische Auslegung der Dichtung, und spezifisch der Tragödie, als Nachahmung und zweitens die Bestimmung ihrer Absicht und ihrer Aufgabe als das Erfreuen der Menschen, die durch intellektuelle Erkenntnis gestiftet wird. Die Nachahmung begrenzt sich, in der Auffassung von Aristoteles, nicht auf die Reproduktion der Realität, sie basiert auch nicht auf phantastischen, erfundenen Geschichten. Vielmehr sollte die Dichtung das darstellen, was passieren könnte, um den möglichen Bezug auf die Realität herstellen zu können. Das Erkennen eines unlösbaren Konflikts generiert bestimmte Affekte und in der Konsequenz Freude an dieser teils emotionalen, teils intellektuellen Tätigkeit.[3] Aristoteles definiert Tragödie und somit die Katharsis wie folgt:

> Die Tragödie ist die Nachahmung einer guten und in sich abgeschlossenen Handlung, von einer bestimmten Größe, in anziehend geformter Sprache, wobei diese formenden Mittel in den einzelnen Abschnitten je verschieden angewandt werden – Nachahmung von Handelnden und nicht durch Bericht, die Jammer und Schaudern hervorruft und hierdurch die Reinigung von derartigen Erregungszuständen bewirkt.[4]

Außer von den Affekten von Furcht und Mitleid, die durch Zuschauen der tragischen Handlung entstehen, soll das Vergnügen an der Mimesis dank dem Lernen (manthanein) kommen. Die intellektuellen und emotionallen Erfahrungen ergänzen sich auf die bestmögliche Weise.[5] Die von Aristoteles genannten Bedingungen für Tragödie sollten ihre ideale Struktur und Wirkung gewährleisten. Diese ergeben sich in der aristotelischen Vorstellung aus

3 Olof, Gigon: *Einleitung zur Poetik von Aristoteles.* In: Aristoteles: Poetik. Stuttgart: Reclam 1976. S. 8.

4 Aristoteles: Poetik. übers. von Manfred Fuhrman, Stuttgart: Reclam 1994. S. 19.

5 Diesem Muster folgen sehr gut die Tragödien von Aischylos und Sophokles.

Kohärenz und Einheit. Aus ihnen resultiert Allgemeinheit, also die Wahrscheinlichkeit der Handlung, Angemessenheit der Sprache sowie spezifische Strukturelemente und Aufbau der Handlung. Eine wichtige Bedingung für das tragische Zusammenspiel der früher genannten Eigenschaften bildet das Umschlagen von Glück ins Unglück, das wiederum durch Hamartia (Verfehlung) aber auch durch Hybris (Überheblichkeit, die Befehle der Götter zu ignorieren) entsteht und die Handlungsweise des dramatischen Protagonisten prägt.[6] Dazu kommt noch das Fatum, das die Bindung an die Transzendenz gewährleistet. Diese Merkmale führten zu bestimmten Konsequenzen für die Protagonisten, die oft den Mord oder Selbstmord erleiden, eventuell die Niederlage ihrer Nächsten und ihrer selbst zur Folge haben. Der moralische Konflikt und der Tod waren untrennbare Strukturelemente der griechischen Tragödie.

Diese hier in verkürzter Form genannten Bausteine der Katharsis und ihrer Interpretation prägten das Verständnis der griechischen Tragödie in ihrer Blütezeit. Es entsteht die Frage, wie sie heute zu vermitteln ist und ob sie noch angesichts der Entwicklung des Dramas und Theaters in zeitgenössischen Stücken gefordert werden kann. Mit den Tendenzen der Diskursivität, Postdramatik, Rückkehr zum Erzählen werden die Bedingungen der nachvollziehbaren Handlung, Charaktere, transzendenter Bezüge und Einheitlichkeit im Gegenwartstheater problematisch. Inkohärenz und Ambivalenz scheinen die Suche nach neuen Ausdrucksmitteln im Drama zu bestimmen. Eine einheitliche Handlung und Existenz der Figur oder Referenzialität bilden keine Voraussetzung des Dramas heute. Was bestehen bleibt, ist aber die Erkenntnis, nach der in verschiedenen Formen der körperlichen Partizipation oder des diskursiven

6 Flashar, Hellmut: Die Poetik des Aristoteles und die griechische Tragödie. In: Tragödie. Idee und Transformation. Hg. von Hellmut Flashar. Stuttgart, Leipzig 1997. S. 51–64.

Aushandelns von Bedeutungen gesucht wird. Der Moment der Anagnorisis, der Einsicht, die mit der Katharsis unmittelbar verbunden ist, wird also mit anderen Mitteln erkundet. Anders als in der Tragödie ist es nicht die „endgültige" Anagnorisis, die den Protagonisten in den Tod oder zur Strafe führt, sondern temporäre, zwischen Widersprüchen und Gegensätzen oszillierende Erkenntnis, ein Austesten von Möglichkeiten.

Bemerkenswert ist trotzdem das konstante Interesse an Tragödien, als ob man in ihren Reinterpretationen, Überschreibungen und Rekompositionen ihre Radikalität in der Gegenwart überprüfen möchte, die großen Fragen nach den Mythen, nach der Haltung und Verantwortung des Menschen und seinen Leidenschaften erneut stellen müsste. Das Potenzial an Struktur- und Handlungselementen der Tragödie, der Chor, ein tragischer Konflikt, Ambivalenz und Koexistenz der Gegensätze, aber auch die Rezeptionsgeschichte der antiken Dramen erfahren heute eine neue Referenzfläche für aktuelle Themen. Einige Beispiele dafür gaben im letzten Dezennium Theatertexte renommierter deutschsprachiger Autoren, die sich unterschiedlich an den griechischen Vorlagen abarbeiten. Zu nennen wären *Die Schutzbefohlenen, Am Königsweg, Schwarzwasser* von Elfriede Jelinek, *Die Bakchen* und *Anthropolis* von Rolland Schimmelpfennig, *Ödipus Stadt, Antigone* und viele andere von John von Düffel sowie in der letzten Zeit *antigone. ein requiem* (τύφλωσίς, I) *eine rekomposition nach sophokles* und *forecast: ödipus living on a damaged planet* (τύφλωσις, II) von Thomas Köck.

Gerade die Tragödien-Vorlage zu dem Mythos des Ödipus bildet mit seiner schmerzhaften Selbsterkenntnis ein Beispiel für die neue Kontextualisierung von Katharsis.[7] Wie Hans Thies Lehmann nach Aristoteles betont, verursacht die Anagnorisis als bedeutendes, strukturelles Element der Tragödie einen plötzlichen Umschlag und es kommt zu einer Umwendung in der dramatischen Situation. Die Tat-

7 Aristoteles, Poetik, S. 20–21.

sache, dass man als Zuschauer Zeuge der Situation ist, löst „nicht allein ein neues Wissen, sondern zugleich eine affektive Reaktion beim Zuschauer aus."[8] Es spielen dabei die Lust an der Einsicht, Mitleid mit dem Helden und Erschrecken über sein Schicksal zusammen eine Rolle.[9] Die Erkenntnis des Ödipus, die man als Selbst-Fremdheit bezeichnen könnte, ist zugleich, laut Lehmann, die Erkenntnis des Nicht-Verstehens seiner selbst, die sich dem Zuschauer in Mitleid und Angst, aber auch in der Erfahrung der eigenen Ohnmacht mitteilen kann. Diesen kritischen Moment, der im Theater notwendig ist, betont Nikolas Stemann mit Blick auf die Fortwirkung des Theaters. Er sieht die Spannung im Drama in der Situation begründet, bei der dem scheinbar Wissenden zugestanden werden muss, dass er selbst die Ursache des Unheils ist, die er sucht. „Wir sind Ödipus [...] Sich dieser Erkenntnis auszusetzen und damit umzugehen wäre die Aufgabe des Theaters. Ohne sich hierzu zu verhalten, wird kein zeitgenössisches Theater wirklich politisch und aufrichtig sein."[10] Dieser Voraussetzung folgt das Beispiel der Bearbeitung des sophokleischen *König Ödipus, Ödipus auf Kolonos* und *Antigone* von Alexander Eisenach, die unter dem Titel *Anthropos Tyrann (Ödipus)* 2021 an der Volksbühne in Berlin als Videostream mit 360 Grad Perspektive aufgeführt wurde. Der Autor und Regisseur fokussiert seine Interpretation der Tragödie auf den Menschen als denjenigen, der den Fortschritt bis an die Grenze der Ausbeutung von der Natur geführt hat und jetzt als Konsequenz sich selbst ausrotten wird. In der Rolle des Orakels, der Pythia, tritt Antje Boetius auf. Die in die Klimadebatte engagierte Meeresbiologin konfrontiert die Aussagen aus der Tragödie der Selbsterkenntnis des Menschen (Ödipus) mit

8 Lehman, Hans-Thies: Tragödie und dramatisches Theater. Berlin: Aleksanderverlag, 2013. S. 212.

9 Ebd. S. 213.

10 Stemann, Nicolas: Wir sind Ödipus. Überlegungen zum politischen Theater der Gegenwart. In: Theater heute, 3/2016, S. 36.

den Erkenntnissen aus der Klimaforschung. Das Fazit lautet: Das System braucht eine Wende, in der die Natur ins Zentrum gestellt wird und nicht der Mensch.[11] Wie die Rezensenten betonen, funktioniert dieses Experiment an der Schnittstelle zwischen Tragödie und wissenschaftlichem Diskurs sehr gut.[12]
Eine andere Strategie des Zugangs zu dem Mythos von Ödipus schlägt Thomas Köck in seinem 2023 am Schauspiel Stuttgart aufgeführten und im Auftrag dieses Theaters entstandenen *forecast: ödipus living on a damaged planet* (τύφλωσις, II) vor. Im Folgenden wird seine ambivalente Lesart und Dekonstruktion der Tragödie mit Blick auf den genannten Interpretationsansatz der Katharsis betrachtet. Bevor sein Text vorgestellt wird, soll die Aufmerksamkeit auf den Schreibstil und die von Köck aufgegriffenen Themen gerichtet werden.
Thomas Köck gehört zu den produktivsten und zugleich anerkanntesten jüngeren deutschsprachigen Dramatikern.[13] Seine Theatertexte greifen Themen der globalen Krisen auf, Klimaveränderungen, Degradation der Erde und des Menschen, Migration, Diskriminierung und Ausbeutung der Arbeitskräfte. Kapitalismuskritik, Anprangern der westeuropäisch, privilegiert geprägten Narrativen bilden den klagenden, pessimistischen und sarkastischen Ton seiner

11 Eisenach, Alexander: Anthropos, Tyrann (Ödipus) https://www.rowohlt-theaterverlag.de/theaterstueck/anthropos-tyrann-oedipus-998 (Zugriff am 21.07.2024).

12 Heinz, Andrea: Untergang live und in Farbe. In: Nachtkritik 19.02.2021. https://nachtkritik.de/nachtkritiken/deutschland/berlin-brandenburg/berlin/volksbuehne-am-rosa-luxemburg-platz-berlin/anthropos-tyrann-oedipus-volksbuehne-berlin-alexander-eisenach-und-das-theater-des-anthropozaen-bringen-die-klimakatastrophe-brutal-nahe (Zugriff am 21.07.2024).

13 Sein Schaffen umfasst seit seinem Debüt 2014 beinahe 30 Theaterstücke, darüber hinaus Opernlibretti und Hörspiele Zwei seiner Stücke *Paradies Spielen* und *Atlas* wurden mit dem Mühlheimer Dramatik Preis ausgezeichnet. Vgl. https://www.suhrkamptheater.de/person/thomas-koeck-p-14263 (Zugriff am 21.07.2024).

Texte. Seine Phrasen sind stark rhythmisiert und entspringen dem musikalischen und lyrischen Textverständnis, was die zentrierte Ausrichtung und häufige Zeilensprünge verstärken. Die chorische Stimme, die Geister, das Kollektive, das Prekäre, diejenigen, die unerhört waren, bekommen im Produktionsprozess und der Performanz ihre Präsenz, ihre Stimme und verwirklichen die Idee der Sym-Poesis.[14] Dadurch wird laut Köck eine offene Form möglich und die Poesie wird politisch. Das ist sein ästhetischer Anspruch, das logozentrische, dramatische Theater, die modernen Ordnungs- und Kontrollmechanismen zu durchkreuzen. Durch die Form, den Rhythmus und Klang, das Miteinander will seine Vorstellung vom Theater „etwas Neuartiges zutage treten lassen. Theater hat dort gewonnen, wo es keine Lösung mehr weiß."[15] Das Neuartige bei Köck sind globale Probleme und Zusammenhänge, die er thematisiert. Das Anthropozän, die Folgen vom Wirken der Menschen in der Geschichte unseres Planeten, werden besonders oft von dem jungen Österreicher in dystopischen Zukunftsvisionen geschildert, wie es in der *klimatrilogie* oder *die zukunft reicht und nicht (klagt, kinder, klagt!)* der Fall ist. Er hinterfragt in seinen postdramatisch ausgerichteten Theatertexten die bisherigen Diskurse, Geschichtsschreibung und ihre mediale Vermittlung.[16] Dazu dienen ihm oft historische oder mythische Vorlagen und Figuren, die chorische und Geisterstimmen bilden. Mit diesem Einschreiben der Geschichte in

14 Thebe, Johanna: „Theater hat dort gewonnen, wo es keine Lösung mehr weiß." Thomas Köck über das politische Schreiben für das Theater. https://www.schauinsblau.de/theater-hat-dort-gewonnen-wo-es-keine-loesung-mehr-weiss-schriftliches-gespraech-mit-thomas-koeck-zum-politischen-schreiben-fuer-das-theater/ (Zugriff am 21.07.2024).

15 Ebd.

16 Vgl. Englhart, Andreas: Theater in der Krise oder Krisentheater? Klimawandel und Engagement in Thomas Köcks Klimatrilogie. In: Das moderne Theater in Österreich. Trends – Ideen – Fragestellungen. Hg. von Krzysztof Tkaczyk. Berlin, et.al: Peter Lang 2021. S. 61–74.

die Gegenwart macht er darauf aufmerksam, dass die Geschichte „immer gerade stattfindet und – leider mal wieder nur vom Kapitalismus geschrieben wird", schreibt Anja Nioduschewski über Köck.[17] Gleichzeitig verbindet er diese Geschichten oft mit dystopischen Zukunftsvisionen einer zerstörten Umwelt, einer postapokalyptischen Landschaft. Seine Abgesänge dienen aber eher dazu, Kritik an dem Stillstand der Post- oder Spätmoderne zu üben, die er mit Überlappungen von Geschichten, Heimsuchungen durch ihre Gespenster und blinde Flecken, Grenzsituationen zu erreichen versucht.[18] Die nahenden Katastrophen oder Desillusionierung werden mit dem Optimismus verbunden, so Franz Wille, gleichzeitig nennt er Köck aufgrund seiner Klage über die Zukunft einen „profunden Apokalyptiker". Die vom Kritiker der Zeitschrift *Theater heute* festgestellte Widersprüchlichkeit seines Stils ist ein Zeichen der durch Ironie, Sarkasmus und Autokommentare gezeichneten Aussagen und Vermischung der Register. Sie stellen die Ambivalenzen der vermittelten Bilder und die Unzulänglichkeit der Sprache unter Kritik.[19] Trotzdem wird das Schaffen des Autors mit der Endzeit und Katastrophe in Verbindung gebracht, Katrin Ullmann nennt ihn „Dystopien-Dramatiker",[20] in einer der Rezen-

17 Nioduschewski, Anja: Ich Suche keine Lösung, ich suche Probleme, Thomas Köck. In: Stück-Werk 6. Neue deutschsprachige Dramatik im Porträt. Berlin: Theater der Zeit, S. 66.

18 Ebd.

19 Köck schreibt sich in die Reihe der österreichischen Autoren der Sprachkritik Jandl, Jonke, Jelinek, Schwab, aber auch den klagenden Ton von Bernhard und Handke ein. Vgl. Englhart, Theater in der Krise oder Krisentheater? 2021, S. 69–70.

20 Ullmann, Katrin: Tänzchen und Täubchen, Die Rache der Fledermaus – Thalia Theater Hamburg. In: Nachtkritik 25.11.2022. https://nachtkritik.de/nachtkritiken/deutschland/hamburg-schleswig-holstein/hamburg/thalia-theater-hamburg/die-rache-der-fledermaus-thalia-theater-hamburg-anna-sophie-mahler-laesst-dystopiedramatiker-thomas-koeck-auf-walzerkoenig-johann-strauss-los (Zugriff am 21.07.2024).

sionen wird sein Text als „sound of extintion" apostrophiert.[21] Gerade diese Untergangsszenarien, die auch in der Überschreibung des Ödipus sehr dezidiert aktualisiert werden, bieten eine Grundlage für Katharsis. Wie Harald Raab bemerkt „Köck wäre aber nicht Köck, wären da nicht bei aller Finsternis auch aufklärerische Untertöne, moralischer Imperativ und ein letztes Katharsis-Angebot. Von hinten durch die Brust ins Auge zwar, aber immerhin und mit einer kräftigen Prise Sarkasmus."[22] Man kann also die Behauptung wagen, dass die Katharsis angesichts der Katastrophe und des Verfehlens der Menschen, die sie selbst verantworten, beim Zuschauer oder Leser der Texte von Köck entsteht. Die Affekte von Schrecken und Mitleid, wie auch die Erkenntnis der Lage der Natur und des Menschen können in ihrer radikalen Formulierung im Text eine Wirkung erzeugen. Andreas Englhart bemerkt anhand der *klimatrilogie*, dass der Text des österreichischen Dramatikers mehrschichtige Dialektiken der Erkenntnis der heutigen Zustände erzeugt, die sich auch in der heterogenen Form und Register der Sprache äußert. Dadurch wird der Realitätsbezug erkennbar und die pessimistische Vision der Zukunft wirkungsvoll in Szene setzt. Die Rekomposition von *Antigone*, die Köck in Form eines Requiems gestaltet, konzentriert sich, wie Christina Wald es deutet, als eine Art Intervention auf kognitive und konfrontative Reflexion, ohne Affekte phobos und eleos oder Katharsis zu wecken.[23] Köck for-

21 Raab, Harald: Sound of extinction, Und alle Tiere rufen: dieser Titel rettet die Welt auch nicht mehr - Kunstfest Weimar. In: Nachtkritik 28.08.2021 https://nachtkritik.de/nachtkritiken/deutschland/thueringen/weimar/kunstfest-weimar/und-alle-tiere-rufen-dieser-titel-rettet-die-welt-auch-nicht-mehr-kunstfest-weimar-thomas-koeck-neues-stueck-haelt-ein-requiem-auf-die-ausloeschung-der-arten (Zugriff am 21.07.2024).

22 Ebd.

23 Wald, Christina: Europas Wiedergänger und die postkoloniale Politik der Toten. Thomas Köcks *antigone. ein requiem* und Magnet Theaters *Antigone (not quite/quiet).* In: Die Politik der Toten: Figuren und Funktionen der Toten in

dert einen kritischen Umgang mit Antigone und mit der Tragödie selbst, die als Ausdruck der europäischen Überlegenheit zu denken ist. Einen ähnlichen kritischen Zugang zu der Konzeption der Tragödie legt *forecast: ödipus* nahe. Das Drama stellt durch den gleichen griechischen Untertitel und Fortsetzung der Nummerierung eine Verbindung mit *antigone. ein requiem* her.

Die beiden auf einer griechischen Vorlage basierenden Stücke versieht Köck mit der griechischen Ergänzung τύφλωσις, [ti'flɔnɔ], die für den Zustand der Verblendung einer Person steht. Mit diesem Wort „verblendet" deutet er einen Universalismus des Zugangs zur Problemlösung an, die die Menschen in ihrer „alten Sicht" auf die Krise fixiert. Dabei äußert er seine Skepsis gegenüber dem Mythos. Den Schwerpunkt seines Textes setzt Köck auf die Vorhersagen und Prophezeiungen, die vom Orakel, in der Figur Pythia und dem blinden Seher Theresias als zwei widersprüchliche Ansätze mitgeteilt werden. Hinzuzufügen sei, dass Köck, angeregt durch Dürrenmatts Erzählung *Das Sterben der Pythia* seinen Text durch den Streit dieser Figuren bereichert, wobei der blinde Seher die Ordnung des Macht- und Kapitalismussystems unterstützt, während Pythia neue Lösungen und ein neues System als die einzige Aufhebung der Krise in Theben sieht, die als Klimakrise umgedeutet wird.

Mit der Übertragung der Seuche auf die Klimakatastrophe, die in Trockenheit, Wassermangel, Luftverschmutzung zutage tritt und die Menschenleben fordert, knüpft der Autor an seine früheren Stücke, darunter *klimatrilogie* an, die in ihrer Aussage tragische Züge aufweist.[24] Es ist Tatsache, dass, wie Englhart betont, die Klimaforschung heutzutage in der Rolle der Kassandra auftritt, den Untergang in den Zukunftsszenarien prophezeit, aber immer noch nicht ernst genommen wird. „Ähnlich wie es Aristoteles in seiner Poetik

Literatur und Politischer Theorie. Hg. von Llanque, Marcus u. a. Bielefeld: transcript, 2023. S. 189–216, hier: S. 194.

24 Englhart, Theater in der Krise oder Krisentheater? 2021, S. 65.

(335 v. Chr.) für die Tragödie fordert, sind Szenarien der Klimaforscher:innen in ihrer Möglichkeit wahrscheinlich, aber keine Wirklichkeit."[25] Köck greift diese Problematik auf, indem er Pythia als Figur entwirft, die einen Ruf der abgekapselten, in ihren Dämpfen und Halluzinationen steckenden Weissagerin hat, deren Prophezeiung vom machtsuchenden Theresias missinterpretiert wird. Darüber hinaus revidiert der Autor schon am Anfang in dem einleitenden Kommentar die Begründung als verfehlt, die Tragödie des Ödipus nachzuspielen. Sie existiert in seiner postapokalyptischen Szenerie als Daten auf einer verlorenen Festplatte, die irgendwo noch hörbar und wahrnehmbar sind und trotz ihrem Aktualitätsverlust weitergespielt werden. Die Auflösung der Tragödie wird später durch den metatheatralen Diskurs der Figuren erklärt. Ironisch wird es aber in den ersten Anmerkungen zum Text vom Autor konstatiert:

> das interessante am ödipalen knistern ist / dass alle es hören / und alle es wissen / und alle es durchschauen / alle kennen das geheimnis / vom publikum über die experti:innen bis zu den schauspieler:innen / seit jeher / aber alle spielen weiter mit / weil das schaudern / weil das geld/ weil die macht/ weil das wachstum/ weil das überleben/ weil das weitermachen/ weil die verkaufszahlen/ weil das abo/ weil weil weil/ und weil vor allem / sonst keine vorstellung / möglich ist / wenn ihr stoppt mitzuspielen / dann endet die vorstellung / dann endet der mythos/ dann kommt alles ins stottern[26]

Was hier vorangestellt wird, ist die kritische Haltung gegenüber dem Abspielen der Tragödie nach ihrem alten Muster mit der Begründung zum Aufrechterhalten der theatralen Konvention und des Mythos. Köck vertritt hier seine These, dass das Theater an die gegenwärtigen Bedingungen angepasst werden muss und die alten vom Kapitalismus diktierten Gewohnheiten des Publikums abge-

25 Ebd. S. 62.

26 Köck, Thomas *forecast: ödipus living on a damaged planet* (τύφλωσις, II). In: Beiheft zu Theater heute, 7/2023. S. 3

stoßen werden sollen. Damit werden die Bestandteile der Tragödie, darunter Katharsis, infrage gestellt und ironisch negiert. Auch die Transzendenz wird ausgelöscht, weil, wie oftmals wiederholt wird, man das Schicksal nicht mehr in die Schuhe der Götter schieben kann. Das Stück soll eine andere Vorstellung wagen, etwas Neues ausprobieren. Theben wird in den Anmerkungen zu einer surrealen, im Zeitraum verlorenen Landschaft, zu einer Computersimulation, die auf einem Server vergessen wurde und jetzt in dieser menschenleeren Welt „zwischen den polygonen und pixeln"[27] neu erzählt wird. Pythia ist diejenige, die diese Geschichte „wie ein spielendes kind" zusammenklebt. Sie findet statt „am ende eines systems/ das schon wieder nicht/ schon wieder noch nicht akzeptieren will/ dass es schon jetzt geschichte ist."[28] Es ist also eine postapokalyptische, inszenierte Welt, eine Zukunftsvision. Die Figuren spielen trotz allem ihre Rollen, deutlich wird aber, dass Theben und ihre Bewohner vor einer Naturkatastrophe stehen. Vorboten des Unheils werden vor allem durch weibliche Figuren aus dem einfachen Volk vertreten: die sterbende Priesterin, die nach Wasser rufende, verdurstete Botin und die ausgemergelte Dienerin. Diese, Geistern ähnliche Figuren, informieren über die Toten und Vergessenen, die geplünderten Häuser und die geschundene Natur:

> starren wir in himmel / die kein wasser bringen stumm / starren wir in felder / die verdorren stumm / in vergiftete meere in versiegende / ströme stumm starrt die natur / zu uns zurück sind wir das / sind wir diese natur / die uns erblickt sind wir zeugen / oder täter / […] die stadt die wir sehen sie vergeht / ihre grundfeste längst erschüttert / gewaltig knirscht es im gebalk / wer noch an götter glaubt / hört sie jetzt husten / die krankheit kam über uns / und heben können wir das haupt / vom abgrund jetzt nicht mehr […][29]

27 Ebd. S. 4.
28 Ebd.
29 Ebd. S. 6–7.

Die heftigen lyrischen Klagen ähneln denen aus der Tragödie jedoch mit einer wichtigen Veränderung, sie richten sich an die Allgemeinheit also auch an den Zuschauer und können ihn rational und emotional ansprechen. Sowohl die sterbende Priesterin wie nachher die nach der Lösung gegen die Pest gefragte Pythia sprechen davon, dass wir, und damit wieder vereinnahmend das Publikum mitverstanden, die Krankheit sind. Diese Formulierung und die Vorstellung des Todes verschieben die mitleidende Ergriffenheit und Ausweglosigkeit der Situation auf die Allgemeinheit. Sie wird jedoch mit der festen Überzeugung von Ödipus konfrontiert, das Problem schnell lösen zu können.

eine sterbende priesterin: die gelehrten / schreien doch / längst im chor / hier schon / wir sind die krankheit wir / sind die krankheit / wir allein

ödipus: wir werden diese seuche bald besiegen

eine sterbende priesterin: wir selbst sind diese seuche / sag ich / hier sterbend / egal / es wird so oder so / zu spät gewesen sein / staub fällt / wenn auch langsam / dennoch / er fällt / und wird uns bedecken / kein wind mehr keine / bewegung in der luft kein flirren / kein gewese kein / gesang nur stille / hitze / *sie stirbt / wir warten eine weile / silencio*[30]

Die pessimistische Prophezeiung und die Unentrinnbarkeit der Naturkatastrophe, die mit dem „zu spät" ausgedrückt wird, sowie der Tod der Priesterin, nach dem ein Moment der Stille eintritt, können den Rezipienten emotional ansprechen. Eine andere vereinnahmende Strategie äußert sich durch das apokalyptische Szenario in den Aussagen der Botin, die dann die Geschichte von Ödipus zusammen mit der Dienerin übermittelt. Parallel dazu verläuft der Diskurs des Ödipus, der seine Herkunft klären will.

die botin: wir haben ganz genau erkannt was wir hier tun

die dienerin: wir wussten all die jahre was passieren wird

30 Ebd. S. 7.

ödipus: ein letztes mal nenn mir den namen

die botin: wir haben uns weggedreht / wir haben die zerstörung in kauf genommen / niemand wird sagen können nicht gewusst zu haben / warum die wälder brennen warum / die ozeane übersäuern warum die luft zum atmen nicht mehr reicht / niemand wird sagen können ich wusste nicht / was da passiert[31]

Dieser Erkenntnismoment führt Ödipus zu der bekannten Handlung der Blendung. Die angesichts des Klimadiskurses an ein Pastiche grenzende aber weiter nach der antiken Vorlage verlaufende Tragödie lösen die Figuren von Pythia und Iokaste (als Geist nach ihrem Freitod) auf. Pythia zweifelt die Lösung der Aufopferung von Ödipus an, der eine Erkenntnis behauptet, die als Ersatzhandlung fungiert und nur eine kurzzeitige Katharsis evozieren kann, die dann aber keine Veränderung im Leben der Zuschauer verspricht. Die weissagende Pythia bekräftigt das mit einer zynischen Aussage: „Weil man dann wieder vom schauder gepackt in den suv steigen kann / zuhause die klimaanlage andrehen kann".[32] Das Orakel argumentiert gesellschaftskritisch und vertieft seine Vorwürfe angesichts der sozialen Ungleichheit, der Ausbeutung von anderen Menschen aber vor allem der Natur. Es spricht mit dem indefiniten Pronomen „man", richtet sich aber an die ganze im Wohlstand lebende Gesellschaft, da sie in ihrer Klage explizit an die heutigen Lebensbedingungen anknüpft. Dem schließt sich Iokaste an, indem sie diese Haltung des momentanen Theaterkonsums als keine Erkenntnis, sondern als Ende der Vorstellungskraft verkündet. In ihrem Monolog prangert Iokaste die Versammelten an, ähnlich wie die Textträger in der *Publikumsbeschimpfung* von Peter Handke. Dabei scheut sie keine Beschimpfungen und kein emotionales Engagement. Sie richtet sich an die anderen Figuren aber auch ans Publikum.

31 Ebd. S. 24.
32 Ebd. S. 27.

> ich meine was soll die scheiße warum / stehen jetzt hier alle / und spielen diesen scheiß / der von anfang an klar war / der sich andauernd wiederholt / immer wieder von neuem / zu ende / als wärs genau das / genau das / genau das / was hier jetzt von euch erwartet wird / euer scheiß erschauern / vor euch selbst[33]

Die Klage thematisiert immer wieder das Scheinleben der Wohlstandsgesellschaft, die unfähig ist, eine Tragödie zu spielen oder einen Chor zu bilden. Sie nennt es schließlich eine Posttragödie, denn das wahre Tragische sei die Tatsache, dass wir das Ausmaß der Tragödie, in der wir stecken, nicht mehr erfassen können. Während die zwei Protagonistinnen ein anderes Ende fordern und eine Veränderung des Systems vorschlagen, stellen die männlichen Protagonisten ihnen ihr Unverständnis entgegen und bestehen darauf, die alte Ordnung und das gemäße Spielen der Tragödie aufrechtzuerhalten. Und so wird es auch gemacht. Pythia – nach ihrer letzten Drohung – und Iokaste verschwinden, Ödipus nimmt die Schuld auf sich und wird aus Theben verstoßen, damit die Seuche aufhört. Kreon übernimmt die Regierung und lässt alles zur alten Ordnung zurückkehren.

Wie schon festgestellt wurde, negiert Köck in seiner Überarbeitung vom Anfang an die Möglichkeit Katharsis zu erzeugen. Seine Figuren berufen sich immer wieder auf das erwartete Schaudern, das aber in seinem sozialen Verständnis des Theaters angesichts der globalen Probleme kein Ziel der Tragödie sein kann. Die Läuterung oder Reinigung der Gefühle sieht Köck in seinem aktiven Zugang zu den Krisen als überholt, weil sie das Fehlverhalten bestätigt. Anders gesagt, hilft uns das Mitleiden mit dem Ödipus und dann die Entladung der emotionalen Spannung durch die Erkenntnis der Wahrheit und Buße als „Sündenbock“ nicht angesichts der Probleme der Allgemeinheit und der hier von Köck angeführten Klimakrise. Diese Handlung entlädt in ihrer medizinischen Wirkung

33 Ebd. S. 28.

nur die angestauten Gefühle. Insofern lässt er seine Figuren, die Vorstellung der Tragödie nach dem klassischen Muster kritisieren und versucht den Schwerpunkt der Katharsis auf die Erkenntnis zu verschieben, die ihr wichtiger Teil war. Dabei benutzt er emotionale Überforderung, die sich in seinem lyrischen Text äußert. Die appellative Funktion seines Textes verbindet sich mit dem Zeigen der verheerenden Folgen der Katastrophe, postapokalyptischer Visionen, die das Leiden und den Tod thematisieren und dann dazu ermuntern, das eigene Handeln zu überlegen. Man kann eine Ähnlichkeit seines Ansatzes mit der brechtschen Kritik sehen. Köck ist sich jedoch der Ideologie des sozialistischen Denkens bewusst und lässt seine andersdenkenden Protagonisten scheitern. Somit verstört er den Zuschauer und zwingt ihn zur Erkenntnis seiner eigenen Situation. Man kann gemäß den Erläuterungen zur Katharsis von Leon Golden sagen, dass Köck den Aspekt der intellektuellen Aufklärung „intellectual clarification"[34] übernimmt oder was Hans Thies Lehmann Mathesis nennt, also das „Lernen des zuvor nicht oder nicht klar Gewußten", was bei Aristoteles das übergeordnete Ziel der Tragödie war.[35] Was sei aber die Mathesis oder die Erkenntnis des Neuen in dem Stück von Köck? Es ist seine Zerstörung des klassischen Bildes der Tragödie, die metatheatral durch ihre Figuren versucht wird, und wodurch die lebensnahe Welt des Zuschauers mit ihren Krisen als Herausforderung angesprochen wird.

34 Golden, Leon: The Clarification Theory of Katharsis. In: Die Aristotelische Katharsis: Dokumente ihrer Deutung im 19. und 20. Jahrhundert. Hg. von Luserke Matthias, Hildesheim, Zürich, New York: Georg Olms Verlag 1991. S. 393–401.

35 Vgl. Lehmann, Tragödie und dramatisches Theater, 2013, S. 212.

TEIL III

Katharsis und ihre emotionale Wirkung im Drama

Katharsis als emotionaler Respons im dramatischen Text

Terror von Ferdinand von Schirach

Agata Mirecka

1.

Die Welt ist nicht etwas, das dem Subjekt äußerlich ist; seine Interpretation des Selbst ist eine Variante des In-der-Welt-Seins. Die Welt zu verstehen, bedeutet also, sich selbst zu verstehen, und umgekehrt ist der Ausgangspunkt für die Selbstreflexion, die Situation des In-der-Welt-Seins; für einen Menschen bedeutet „Dasein" bereits, seine Welt und sich selbst in gewisser Weise zu nachvollziehen. Sich selbst zu verstehen, ist dagegen das Projekt unserer Existenz, es ist das Hineinlehnen des Daseins in die Vergangenheit.[1] Die Existenz des Menschen in der Welt berechtigt ihn dazu, die Realität, die sich um ihn herum bildet, zu beurteilen. Die subjektive Sicht jedes Einzelnen beeinflusst die verschiedenen Urteile, ihre Qualität, ihre Radikalität und ihren Wahrheitsgehalt, da es einer Person nicht immer möglich ist, alle Bedingungen einer bestimmten Situation zu sehen. Diese existenzielle Sichtweise der menschlichen Existenz und ihrer Beziehung zu den Entscheidungen eines anderen Menschen bleibt ungeachtet der sozio-politischen Veränderungen, die stattfinden, aktuell. Der fiktionale Charakter der Literatur ermöglicht die Beschreibung der Realität mit indirekten Mitteln, d. h. sie ermöglicht

1 Vgl. Mitosek, Zofia: Teorie badań literackich. Warszawa: Wydawnictwo Naukowe PWN 2012, S. 428.

die Darstellung sozialer Probleme und Konflikte durch erfundene, fiktive Charaktere und Zustände.
Das Theater ist ein Ort, an dem die Realität dargestellt wird, es ist ein Ort, an dem zeitgenössische Charaktere reflektiert werden, es ist ein Ort, an dem aktuelle Themen skizziert werden und ein Ort, an dem diese mit der Reaktion des im Theater anwesenden Publikums konfrontiert werden. Die Reaktion des Publikums auf die Ereignisse auf der Bühne kann verschiedene Dimensionen haben. Es ist eine spontane, unmittelbare Resonanz, die nicht immer durchdacht ist, aber es ist auch eine Erwiderung nach einiger Zeit, nach dem Nachdenken über die Situation, mit der man sich auseinandergesetzt hat. Schlussfolgerungen ergeben sich manchmal sofort, aber manchmal auch erst nach dem Reflektieren. Manfred Pfister weist auf den Rückkopplungseffekt und die unterschiedlichen Reaktionen des Publikums je nach Inszenierung hin. Nicht nur das Publikum reagiert auf das Geschehen auf der Bühne, auch die Schauspieler selbst werden einer Bewertung unterzogen, die sich direkt auf die Inszenierung auswirkt und unterschiedliche Reaktionen bei ihnen evoziert. „Dieser feedback-Effekt erklärt auch, daß selbst eine sorgfältig einstudierte Inszenierung bei jeder Aufführung aufgrund des je verschiedenen Publikums etwas anders ausfallen wird, also jede einzelne Aufführung in gewissem Sinn einmalig und unwiederholbar ist – im Gegensatz zu den technisch reproduzierbaren dramatischen Texten des Films, Fernsehspiels oder Hörspiels.“[2]

2.

Die häufigsten Gefühle, mit denen ein Theaterbesucher im Theater konfrontiert wird, sind Mitleid und Beklemmung. Das ist nichts Neues. Aristoteles hatte bereits in seiner Poetik über Mitleid und Beklemmung geschrieben und gesagt, dass diese Gefühle entweder

2 Pfister, Manfred: Das Drama. München: Wilhelm Fink 2001, S. 64.

durch die Inszenierung der Szene oder durch die Anordnung der Ereignisse selbst hervorgerufen werden können. Er betonte, dass die dramatische Handlung so angelegt sein sollte, dass wir auch dann, wenn wir das Stück nicht im Theater sehen, als Leser:innen aufgrund des Ablaufs der Ereignisse selbst Beklemmung und Mitleid empfinden.[3] Aristoteles führte den Begriff der Katharsis ein, der im Laufe der Jahrhunderte Gegenstand vieler Debatten war und im späten 20. und frühen 21. Jahrhundert, nachdem er von Bertolt Brecht in Frage gestellt wurde (vgl. Verfremdungseffekt), in gewisser Weise ein Revival erfährt. Franziska Schößler, die Aristoteles und seinen Begriff der Katharsis erwähnt, schreibt in ihrem Lehrbuch *Einführung in die Dramenanalyse* wie folgt: „Die Tragödie will also extreme Affekte erregen, um diese transformieren bzw. reinigen zu können, was Aristoteles *katharsis* nennt."[4] *Metzler Literatur Lexikon, Begriffe und Definitionen* notiert, dass die Tragödie, indem sie Jammer und Schaudern (gr. *èleos* und *phòbos*) hervorruft, eine Reinigung des Zuschauers von derartigen Affekten bewirkt. Sie sind bei Aristoteles vor allem als psychische Erregungszustände aufgefasst. Vor Aristoteles trat der Begriff vor allem in medizinischen bzw. theologischen Kontexten vor (vgl. z.B. Platon). Und bei Aristoteles ist es „befreiende Affektentladung", sie schafft Gelegenheit zur Befreiung aufgestauter Affekte.[5] Emotionale Resonanz steht an der Spitze des Begriffs der Katharsis im Kontext der Theorie von Aristoteles.

3.

Eine so verstandene Katharsis findet sich auch im zeitgenössischen deutschsprachigen Drama wieder. Ein interessantes Beispiel dafür

3 Vgl. Arystoteles: Retoryka-Poetyka. Warszawa: PWN 1988, S. 337.

4 Schößler, Franziska: Einführung in die Dramenanalyse. Weimar: Verlag J. B. Metzler 2012, S. 24.

5 Vgl. Metzler Literatur Lexikon. Begriffe und Definitionen. Hg. von Günther und Irmgard Schweikle, Stuttgart: J. B. Metzler 1990, S. 471.

ist das Drama *Terror* von Ferdinand von Schirach aus dem Jahr 2014. Es ist ein Theaterstück in zwei Akten. Das gesamte Drama beschreibt eine einzige Gerichtsverhandlung, die den Piloten Lars Koch betrifft. Lars Koch kommt aus Berlin, hat eine Frau und einen Sohn und ist ein Major der Luftwaffe.

Er befindet sich derzeit in Untersuchungshaft, da ein Verfahren gegen ihn anhängig ist. Ihm wird vorgeworfen, durch den Abschuss einer Lufthansa-Maschine den Tod der Passagiere verursacht zu haben. Major Koch bekennt sich nicht schuldig, da er der Meinung ist, dass er diese Tat begangen hat, um die 70.000 Menschen zu retten, die sich zu diesem Zeitpunkt in dem Stadion befanden, in dem das Flugzeug hätte abstürzen sollen. Das Flugzeug wurde von einem Terroristen entführt, mit dem kein Kontakt hergestellt werden konnte.

Das Drama hat eine interessante Struktur. Der erste Akt besteht aus den Zeugenaussagen von Major Lars Koch, gefolgt von der Verteidigung, der Anklage und der Zusammenfassung des Richters. Der zweite Akt hingegen besteht aus den Schlussplädoyers des Staatsanwalts und des Verteidigers sowie aus der Verweisung des Falles an das Publikum. In diesem Stück von Schirach ist es eben das Publikum, das entscheiden soll, ob Major Lars Koch schuldig oder unschuldig an der Tat war, die er begangen hatte.

Das Drama verwebt ethische, moralische, aber auch juristische Argumente miteinander. Das Publikum ist bestrebt, sich das ganze Stück anzuhören, um am Ende eine seiner Meinung nach gute Entscheidung treffen zu können. Eine vernünftige Entscheidung zu treffen, ist für das Publikum nicht offensichtlich, da die meisten Botschaften, die sie von den Rednern erhalten, auf Emotionen beruhen. „Wissen Sie, Sie reden eigentlich die ganze Zeit über Gefühle“ meint der Angeklagte zu der Staatsanwältin „Sie müssen die Sache ganz anders sehen“[6] setzt er fort. Es ist zu beachten, dass

6 Von Schirach, Ferdinand: Terror., München: Btb Verlag 2016, S. 89.

die Staatsanwältin viel Druck auf den Angeklagten ausübt. Dies kann dazu führen, dass seine Aussagen den Eindruck erwecken, dass sie ohne Überzeugung sind, dass sie das Ergebnis von Stress und nicht von gesundem Menschenverstand sind. Der Pilot Lars Koch war ein außergewöhnlicher, talentierter Pilot. So ist er qualifiziert worden.[7] Doch der Prozess als eine Form der Untersuchung für Aussagen, die nicht immer vom Zeugen gewollt sind, demütigt ihn. Die wichtigste Frage, die in diesem Verfahren geprüft wird, ist: „ob die Tötung Unbeteiligter in einem Extremfall erlaubt ist."[8] So die Worte des Angeklagten und so auch die Überlegung aller. Das Publikum wird Zeuge, wie die emotionale Ausdauer der Prozessteilnehmer auf die Probe gestellt wird. Die Staatsanwältin erfindet verschiedene sprachliche Mittel, um den Angeklagten dazu zu bringen, sich schuldig zu bekennen und zuzugeben, wissentlich so viele Menschen getötet zu haben. Sie ist hartnäckig und handelt mit Emotionen. Aber sie hat es mit einem Major der Luftwaffe und einem der besten Piloten zu tun, es lassen ihn solche emotionalen Spiele nicht erschüttern. In dem letzten Plädoyer resümiert sie: „nach welchen Kriterien entscheiden wir, ob der Angeklagte töten durfte oder nicht? Eigentlich entscheiden wir nach unserem Gewissen, nach unserer Moral, nach unserem gesunden Menschenverstand."[9] Aber

> er hatte keinen solchen Befehl, im Gegenteil. Er wusste, dass er sich gegen seine Befehle, gegen unsere Gesetze, gegen die Verfassung und gegen unsere Gerichte stellt. Lars Koch wurde dafür ausgebildet, sich in schwierigsten Umständen richtig zu entscheiden. [...] Und deshalb muss er jetzt auch die Konsequenzen tragen. [...] Er hat getötet. Er hat die Menschen in seinen Händen zu bloßen Objekten gemacht. Er hat ihnen jede Entscheidungsmöglichkeit abgesprochen... Er hat diesen Menschen ihre Würde genommen. [...] die Verfassung verlangt

7 Vgl. ebd., S. 68.
8 Von Schirach, Terror. 2016, S. 82.
9 Ebd., S. 115.

> viel von uns, manchmal ist es mehr, als wir glauben ertragen zu können. [...] Wenn Sie Lars Koch freisprechen, erklären Sie die Würde des Menschen, erklären Sie unsere Verfassung für wertlos.[10]

Der Verteidiger bleibt nicht untätig. In seinem ebenfalls sehr langen Schlussplädoyer führt er andere Argumente an als die Staatsanwältin. Ihr Verweis auf das Gesetz, auf die Regeln und Prinzipien des Staates beeinflusst die Wahrnehmung der gesamten Situation durch den Zuschauer. Der Fokus liegt nicht mehr auf dem Menschen, dem Piloten, der sich in einem tragischen Dilemma befindet, sondern die gesamte Situation und das menschliche Verhalten wird auf die gesetzlichen Prinzipien verwiesen, die ungeachtet des tragischen Charakters der Situation strikt befolgt werden sollten.
Der Verteidiger fragt: „Nun, verehrte Damen und Herren Richter, das aber ist der Kernpunkt unseres Verfahrens. Ist es richtig, das Prinzip der Menschenwürde über die Rettung von Menschenleben zu stellen?“[11] und „wenn Sie heute Lars Koch verurteilen, wenn Sie also ein zweifelhaftes Verfassungsprinzip über diesen einzelnen Fall stellen, dann sagen Sie damit, dass wir uns gegen Terroristen nicht wehren dürfen. [...] Aber wir müssen begreifen, dass wir im Krieg sind. [...] Und Kriege, [...] gibt es nun einmal nicht ohne Opfer.“[12]

4.

Im Falle von Katharsis handelt es sich um das Erwecken bestimmter Emotionen. Der Akt des Erweckens selbst zeigt Richtung und Zweck der Wirkung, was zu der grundlegenden Frage führt, wo die Katharsis angesiedelt ist. Die kathartische Reinigung kann außerhalb der Handlung liegen, d. h. auf Seiten des Publikums oder des Schauspielers, aber auch eine innere Verortung der Reinigung

10 Ebd., S. 122–123.
11 Ebd., S. 125.
12 Ebd., S. 130.

ist möglich. Das Problem kann durch die Überlegung ausgedrückt werden, ob die Katharsis eine endgültige Wirkung in der Psyche und den Köpfen des Publikums ist oder – wie Gerald F. Else es ausdrückt – eine Kette von Ereignissen innerhalb der Struktur der Tragödie selbst, die zur Reinigung dieser Ereignisse und ihrer Charaktere führt und deren treibende Kraft die *anagnorisis*, die Erkenntnis, ist.[13] In seinem Buch *Aristotle's Poetics: The Argument* aus dem Jahr 1957 betont Gerald F. Else, dass die Interpretation der emotionalen Dimension von Katharsis sich auf die Idee konzentriert, dass das Erleben einer Tragödie dem Einzelnen hilft, seine Gefühle zu klären. Bei dieser Klärung geht es nicht nur darum, überschüssige Emotionen loszuwerden, sondern um ein tieferes Verständnis und eine Rationalisierung dieser Emotionen. Die tragische Erfahrung ermöglicht es den Zuschauern, sich mit ihren eigenen Gefühlen von Mitleid und Angst zu konfrontieren.

Terror von Ferdinand von Schirach ist ein Stück, das das Publikum direkt in den Entscheidungsprozess eines ethisch und moralisch komplexen Falles einbindet. Die Frage, ob es gerechtfertigt ist, wenige Menschen zu töten, um viele zu retten, zwingt die Zuschauer, sich mit ihren eigenen Werten und Überzeugungen auseinanderzusetzen. Diese Auseinandersetzung kann eine starke emotionale und intellektuelle Reinigung bewirken, da die Zuschauer gezwungen sind, ihre eigenen moralischen Grenzen zu reflektieren. Diese aktive Einbindung erzeugt eine intensive emotionale Beteiligung und lässt die Zuschauer die Verantwortung und die Konsequenzen ihrer Entscheidung direkt erleben. Diese Partizipation kann eine tiefgreifende Wirkung haben, da sie das Publikum zwingt, sich in die Rolle der Richter und Geschworenen zu versetzen und die Tragweite ihrer Entscheidung zu begreifen.

13 Vgl. Sosnowski, Leszek: Emocjonalizm Arystotelesa i znaczenie pojęcia katharsis. Estetyka i krytyka 21 (2/2011), S. 139–149, hier: S. 142.

Es betont der Richter in den Schlussworten: „An der Täterschaft des Angeklagten kann hier ja kein Zweifel bestehen – [...] Ihre Beratung wird sich also mit der Frage beschäftigen, ob der Angeklagte gegen die Bindungen, die ihm das Bundesverfassungsgericht und die Verfassung auferlegt haben, verstoßen durfte. Das ist der Kern. [...] Das Urteil, das Sie finden, werde ich sofort verkünden. Sie allein bestimmen also den Ausgang dieses Prozesses."[14] Durch die Darstellung des Gerichtsprozesses wird das Publikum mit den Prinzipien der Rechtsstaatlichkeit und den Grenzen der Gerechtigkeit konfrontiert. Die komplexen Argumentationen der Anklage und der Verteidigung bieten eine umfassende Auseinandersetzung mit juristischen und moralischen Aspekten, was zu einer kathartischen Klärung und Reinigung des eigenen Verständnisses von Recht und Unrecht führen kann.

Die Charaktere, insbesondere Lars Koch, werden in ihrer emotionalen und psychologischen Tiefe dargestellt. Die inneren Konflikte und die Belastung, mit der der Pilot lebt, werden eindringlich präsentiert, was beim Publikum Mitgefühl und eine Reaktion hervorrufen kann. Diese emotionale Intensität trägt zur Katharsis bei, indem die Zuschauer die menschlichen Aspekte der Situation nachvollziehen und miterleben können. Der Pilot bemerkt: „Die Zivilisten sind zum Teil einer Waffe geworden. Der Waffe des Terroristen. Der Terrorist hat das ganze Flugzeug in seine Waffe verwandelt. Und gegen diese Waffe muss ich kämpfen."[15] Lars Koch steht vor dem tragischen Dilemma zwischen seiner persönlichen Verantwortung gegenüber den Passagieren und seiner Pflicht als Soldat, das Leben vieler Menschen zu schützen. Dieser innere Konflikt wird intensiv dargestellt und lässt das Publikum die psychologische und moralische Belastung nachempfinden.

14 Von Schirach, Terror. 2016, S. 131.
15 Ebd., S. 90.

Die Verteidigungsrede des Piloten ist ein Höhepunkt des Stücks, in dem er seine Entscheidung erklärt und die moralischen Überlegungen darlegt, die ihn dazu bewogen haben, das Flugzeug abzuschießen. Diese Rede konfrontiert das Publikum direkt mit den ethischen Fragen und den emotionalen Belastungen, die mit seiner Entscheidung verbunden sind.

„Sie können sich vielleicht diese schönen Gedanken leisten. Aber ich bin dort oben, ich trage die Verantwortung. Ich kann mir keine Gedanken über das Wesen des Menschseins erlauben. Ich muss entscheiden."[16] – resümiert der Pilot. Die Schlussplädoyers der Anklage und der Verteidigung fassen die juristischen und moralischen Argumente zusammen und appellieren an die emotionale und rationale Seite des Publikums. Diese Plädoyers intensivieren die Spannung und die moralische Komplexität des Falles und bereiten das Publikum auf die finale Entscheidung vor. „Ich weiß, dass es eine schwierige Entscheidung ist, aber ich bin mir sicher, dass es Ihnen gelingen wird, den Fall des Lars Koch richtig zu beurteilen."[17] – endet der Richter. Zum Schluß des Stücks wird das Publikum aufgefordert, über die Schuld oder Unschuld von Lars Koch abzustimmen. Die Interaktivität verstärkt die emotionale Beteiligung und die kathartische Wirkung, da die Zuschauer die Verantwortung und die ethischen Konsequenzen ihrer Entscheidung unmittelbar erfahren. „Je nach Ergebnis der Abstimmung im Publikum verkündet der Vorsitzende die Verurteilung oder den Freispruch des Angeklagten."[18] so kann man in den Didaskalien lesen. Das Publikum kann sich leicht in die Position der verschiedenen Charaktere versetzen, insbesondere in die des Piloten Lars Koch und der betroffenen Familien der Passagiere. Diese Identifikation fördert ein

16 Ebd., S. 91.
17 Von Schirach, Terror. 2016, S. 132.
18 Ebd., S. 133.

tiefes Mitgefühl und eine emotionale Verbindung, die zu einer intensiven Katharsis führen kann.

Terror von Ferdinand von Schirach nutzt die volle Auseinandersetzung mit einem moralisch und ethisch komplexen Fall, um eine starke kathartische Wirkung zu erzielen. Durch die Einbindung des Publikums in den Entscheidungsprozess, die Darstellung der emotionalen und psychologischen Tiefe der Charaktere und die Konfrontation mit den Prinzipien der Rechtsstaatlichkeit und Gerechtigkeit ermöglicht das Stück eine tiefgehende Reinigung der Reflexion. Die Katharsis entsteht durch die direkte und persönliche Konfrontation mit den zentralen Fragen des Stücks und der emotionalen Beteiligung, die das Publikum durchlebt. Das Stück thematisiert universelle und zeitlose moralische Fragen, die über den spezifischen Kontext hinausgehen. Fragen wie das Verhältnis von Individualrecht und Gemeinwohl oder die Abwägung von Leben gegen Leben sprechen grundlegende menschliche Dilemmas an, die das Publikum in seiner gesamten moralischen und ethischen Dimension ansprechen.

Die strukturierte und gezielte Dramaturgie des Stücks baut kontinuierlich Spannung auf, indem es die Zuschauer immer tiefer in die moralischen Konflikte hineinzieht. Die allmähliche Enthüllung von Informationen und die wechselnden Perspektiven der Anklage und Verteidigung sorgen für eine immersive und emotional aufgeladene Erfahrung. Die sprachliche Präzision und rhetorische Kraft der Dialoge tragen zur affektiven und intellektuellen Wirkung des Stücks bei. Die sorgfältig formulierten Argumente und Reden der Anwälte und des Angeklagten ziehen das Publikum in den Bann und verstärken die kathartische Erfahrung durch die Kraft des gesprochenen Wortes.

> Das ist kein Witz. Kant verlangt das wirklich. Und die Staatsanwältin verlangt von Ihnen das Gleiche: ein Prinzip über den Einzelfall zu stellen, Prinzipien über das Leben. Prinzipien mögen vernünftig sein

> und vielleicht in den meisten Fällen auch richtig. Aber Ihnen hier zu folgen – was wäre das für ein Wahnsinn?[19]

Die Thematik des Stücks ist aktuell und relevant angesichts globaler Sicherheitsfragen und ethischer Dilemmata, die im Kontext von Terrorismus und militärischen Interventionen aufkommen. Diese Aktualität verstärkt die Resonanz und die Dringlichkeit der Reflexion, wodurch die kathartische Wirkung intensiviert werden kann. Das Stück dient auch als Erinnerung und Mahnung an die Konsequenzen von Extremsituationen und ethischen Entscheidungen. Diese Funktion als Mahnmal für die Zuschauer führt zu einer nachhaltigen kathartischen Wirkung, indem sie die Bedeutung von moralischem Handeln und Verantwortung verdeutlicht.

5.

Erika Fischer-Lichte schreibt über die ästhetische Erfahrung und bringt diesen Begriff mit der kathartischen Wirkung von Aristoteles in Zusammenhang.

> Nun liegen in der westlichen Kultur bereits seit der griechischen Antike und in der indischen ca. seit der Zeit zwischen dem 1. und 3. Jahrhundert n. Ch. Texte vor, die sich ausführlich mit der Erfahrung auseinandersetzen, welche Aufführungen Zuschauern und Schauspielern ermöglichen. Obwohl der Begriff der ästhetischen Erfahrung erst im Zuge bzw. als Folge der Erklärung der Autonomie von Kunst geprägt wurde, steht die Frage nach der besonderen Qualität der Erfahrung, wie sie Aufführungen vermitteln, am Anfang ästhetischer Theorie bzw. ästhetischer Reflexion in der abendländischen ebenso wie in der indischen Kultur.[20]

19 Von Schirach, Terror. 2016, S. 125.

20 Fischer-Lichte, Erika: Ästhetik des performativen. Frankfurt a. M.: Suhrkamp 2004, S. 332.

Im 20. Jahrhundert hat sich die Tendenz verstärkt, die Katharsis nicht als einen moralisch konnotierten Begriff zu verstehen, also nicht eine moralische Läuterung, Befreiung von moralisch negativierten Leidenschaften oder dergleichen dahinter zu vermuten. Diese Deutungslinie hängt mit der Interpretation von dem klassischen Philologen Wolfgang Schadewaldt zusammen. Schadewaldt sieht die beiden Wirkaffekte des Aristoteles nicht mehr vor dem christlichen Horizont, in den sie seit der Renaissance explizit oder implizit gestellt waren. Vielmehr deutet er sie als unmittelbar den Menschen packende, fast schockartig wirkende „Elementaraffekte". Sowohl der Schrecken als auch das Gerührtsein sind schmerzhafte Erfahrungen, die als Störungen empfunden werden. Die auf sie bezügliche Katharsis ist für Schadewaldt nicht mit einer moralisch läuternden, bessernden oder edukativen Aufgabe behaftet. Sondern sie wird ihrerseits als ein elementarer Prozess aufgefasst, der sich darstellt als „Ausscheiden, Beseitigen, Fortschaffen von störenden und beschwerlichen Stoffen (und Erregungen) aus dem Organismus."[21] Sophie Witt unterstreicht jedoch, dass

> Katharsiskonzepte […] verschwinden also nicht, wie in der Autonomieästhetik um 1800 behauptet wird. Sie wirken vielmehr resistent fort. Vielleicht durchziehen wirkungsästhetische Überlegungen die Moderne deshalb so nachhaltig, weil in ihnen eines von deren zentralen Dikta zur Debatte steht: die Descartes zugeschriebene Trennung in *res extensa* und *res cogitans*. Denn die Wirkung der Künste wird in vielen Fällen als eine physische betrachtet, was die Souveränität des Subjekts in seiner geistig-sinnverhafteten Integrität potentiell ‚ent-setzt'. Wirkungsästhetiken und Modernenarrative gehören deshalb vor allem in politischer und ethischer Hinsicht eng zusammen.[22]

21 Vgl. Huss, Bernhard: Die Katharsis, Jean Racine und das Problem einer ‚tragischen Reinigung' bei Hofe. PhiN 49/2009: 35, München, S. 37.

22 Witt, Sophie: Reinigung der Affekte: Katharsiskonzepte der Literatur. In: Allerkamp, Andrea. Handbuch Literatur Philosophie. Berlin: de Gruyter 2021, 221–229, hier S. 227.

Man kann sich mit der Frage befassen, wie moderne Theaterstücke emotionale Läuterung hervorrufen, ein Konzept, das in den Theorien des Aristoteles wurzelt, aber für das heutige Publikum neu kontextualisiert wurde. Interessant ist, wie aktuelle Dramatiker und Regisseure kathartische Elemente einsetzen, um das Publikum tief zu berühren und durch dramatische Erzählungen eine emotionale Befreiung zu erreichen. Man betont die Relevanz der Katharsis heute und argumentiert, dass die grundlegenden Prinzipien der Katharsis zwar unverändert bleiben, sich aber die Art und Weise, wie sie erreicht wird, weiterentwickelt hat. Moderne Dramen enthalten oft multimediale und interaktive Elemente, um ein intensiveres Erlebnis zu schaffen. Besonders wichtig ist auch in diesem Aspekt die Rolle des Publikums. Man betont aktive Rolle dessen im kathartischen Prozess. Im Gegensatz zu den traditionellen passiven Zuschauern wird das heutige Publikum oft dazu ermutigt, sich zu beteiligen und über seine eigenen Erfahrungen und Emotionen als Teil der Theaterreise nachzudenken[23], was im Falle vom Drama Schirachs *Terror* besonders ersichtlich ist. Indem man diese Themen erforscht, gibt man einen umfassenden Überblick darüber, wie die Katharsis im modernen Drama funktioniert und welche Bedeutung sie sowohl für die persönliche als auch für die kollektive Gefühlswelt hat. „Theater ist spannend," betont Matthias Warstat „weil man dicht gedrängt mit anderen Menschen auf das Eintreten eines Ereignisses wartet. Theater kann wütend und ungeduldig machen, weil man sich als Zuschauer dem Gebotenen nicht ohne weiteres entziehen kann – es fehlt der beim Fernsehen so komfortable Ab- und Umschalten."[24] Alternativ kann Katharsis nicht als das Endergebnis, sondern als ein durch die Struktur der Ereignisse wir-

23 Vgl. ebd.

24 Vgl. Warstat, Matthias: Katharsis heute: Gegenwartstheater und emotionaler Stil. In: Grenzen der Katharsis in den modernen Künsten. Hg. von Martin Vöhler u. a., Berlin: Walter de Gruyter 2009, S. 357.

kender Prozess gesehen werden, der nicht das Publikum, sondern die Ereignisse selbst reinigt. Die Katharsis ist dann also die Läuterung des Helden, die es uns ermöglicht, über die *Angst*, das Entsetzen über die Ereignisse, hinauszugehen und *Mitleid* zu empfinden, das aus dem Verstehen geboren wird; die Struktur des Dichters führt unsere Vernunft dazu, unsere Emotionen zu beurteilen.[25]

6.

Nach der Aufführung entsteht oft eine offene Diskussion über die Themen des Stücks, die die Zuschauer auch nach dem Verlassen des Theaters weiter beschäftigt. Diese anhaltende Reflexion und Diskussion tragen zur nachhaltigen kathartischen Wirkung bei. Das Stück *Terror* wirft Fragen auf, die weit über den Theaterraum hinaus relevant sind und gesellschaftliche Debatten anstoßen. Michael Dallapiazza resümiert in seiner Dramadarstellung:

> Das Stück ist naheliegenderweise spröde. Juristische Spitzfindigkeiten sind auch wenig geeignet, ein großes Bühnenpublikum in Bann zu schlagen, aber genau das gelingt Schirach. Sein Text will nichts anderes bedeuten als das, was darin in Sprache formuliert ist. Es bringt eine einfache Handlung vor sein Publikum, er verzichtet auf jedwede Metapher in der Sprache, auf jede Rhetorik, er verzichtet sogar auf Dramatik, nimmt man einmal das Auftreten der Ehefrau eines der getöteten Flugpassagiere aus. 15 Szenen bilden nichts anderes ab, als eine Gerichtsverhandlung. Dass der Leser/Zuschauer davon gepackt wird, liegt an den kühl und sachlich illustrierten Aporien, die manchem als die Aporien des demokratischen Rechtssystems vorkommen möchten.[26]

25 Childs, Peter; Fowler, Roger (Hg.): The Routledge Dictionary of Literary Terms. New York: Routledge 2006, S. 23.

26 Dallapiazza, Michael: Ferdinand von Schirach: Terror., München: Piper Verlag 2014. In: Jahrbuch für Internationale Germanistik Jahrgang XLVIII – Heft 1, Frankfurt a. M.: Peter Lang 2016 S. 162.

Obwohl das Drama gegenwärtig ist, folgt es dem klassischen Handlungsablauf von Schuld, Katharsis und Erlösung. Wie es Thomas Riegler in seinem Beitrag zur Katharsis in Melodramen richtig bemerkte: „Wenn es nun darum geht, die Entfremdung und die Distanz in kultureller, ethnischer und sozialer Hinsicht zu überwinden, dann ist Schmerz der entscheidende Faktor."[27] Matthias Warstat weist darauf hin, dass man eigentlich im heutigen Theaterbetrieb keine Katharsis im Sinne von Aristoteles treffen kann. Es ist eine entscheidende Formulierung mit der Bemerkung, dass man heute mit Handlungskatharsis und Katharsis, wenn Mitleid mit einer dramatischen Figur oder Furcht vor deren Schicksal scheitern daran, dass viele Inszenierungen ein gebrochenes Verhältnis der Zuschauer zu den Figuren erzwingen.[28] Ob der Katharsis-Effekt auf das Publikum, die Öffentlichkeit oder den Schauspieler selbst und sein Umfeld abzielt, ändert nichts an der Tatsache, dass dieses Phänomen im zeitgenössischen Drama immer noch existiert. Das Beispiel des Dramas *Terror* ist insofern einzigartig, als dass das Publikum dieses Mal das Ende des tragischen Dilemmas des Richters und die Bewertung des tragischen Dilemmas des Piloten letztlich selbst bestimmt. Da es gezwungen ist, zu urteilen, kommt es nicht

27 Riegler, Thomas: Tragik und Katharsis in den Melodramen Crash und Babel. In: Das tragische begreifen. Hg. von Hamilton, Christopher u. a., Hamburg: Verlag Dr. Kovac 2010, S. 89.

28 Vgl. Warstat, Matthias: Katharsis heute: Gegenwartstheater und emotionaler Stil. In: Grenzen der Katharsis in den modernen Künsten. Hg. von Martin Vöhler u. a., Berlin: Walter de Gruyter 2009, S. 351. „Handlungskatharsis wird dort schwierig, wo es keine dramatische Handlung mehr gibt. Eine fiktive Handlung mit Helden, die von Unglück und Übel getroffen werden, mit einem sich steigernden und schließlich wieder abfallenden Spannungsbogen, mit Exposition, Peripherie und Katastrophe erlebt man im Theater heute häufig auch dann nicht mehr, wenn eine Inszenierung noch auf eine dramatische Textvorlage zurückgreift. [...] Viele Inszenierungen wollen gar keine dramatischen Figuren entwickeln, son dern einfach einen besonderen Kontakt zwischen Akteuren und Zuschauern herstellen."

umhin, über die Situation nachzudenken und seine eigene Reflexion in Betracht zu ziehen. Distanz ist möglich, doch Gleichgültigkeit nicht. Katharsis setzt genau hier an. Sie negiert die Gleichgültigkeit des Menschen und provoziert eine unfreiwillige Konfrontation.

Auf der Suche nach kathartischen Elementen in Textflächen zeitgenössischer Dramen

Mit Blick auf *Lärm. Blindes sehen, Blinde sehen* (2020/21) von Elfriede Jelinek

Paul Martin Langner

Katharsis wurde seit der Antike als Strukturelement des Dramas (und nicht nur des Dramas, sondern auch des mündlichen Erzählens, (worauf Peter Brook in seinen Überlegungen zum Theater auf die Erzählstrategien orientalischer Erzähler[1] hinweist)) verstanden. Die auf antike Überlegungen[2] zurückgehende Vorstellung einer emotionalen und sozialen „Reinigung" im Rahmen der Handlung eines Schauspiels, die in der griechischen Antike zur Stabilisierung des Zusammenhalts in der Gesellschaft ausgerichtet gewesen sein soll, erhielt in der Zeit der Aufklärung eine auf den Einzelnen gerichtete moralische Dimension.[3]

1 Brook, Peter: The open door. Thoughts on Acting and Theatre. New York: Anchor Books, 2005, S. 37.

2 Einen Querschnitt durch die Einschätzungen der Katharsis (zwischen 1828 und 1984) bietet: Die Aristotelische Katharsis. Dokumente ihrer Deutung im 19. und 20. Jahrhundert. Hg. von Matthias Luserke. Hildesheim, Zürich New York: Georg Olms,1991.

3 Langner, Paul Martin: Aspekte der Rezeption des Katharsis-Begriffs zwischen 1750 und 1830. In: In gebrochener Synthese. Beiträge zur Literatur, Kultur und Sprache. Festschrift für Prof. Dr. habil. Klaus Hammer. Hgg. Barbara Widawska und Mariola Smolińska. Słupsk: Wydawnictwo Naukowe Akademii Pomorskiej, 2009, S. 39-47.

In der Moderne wurde der kathartische Moment als politische Erkenntnis eher auf eine Gemeinschaft ausgerichtet (z. B. bei Erwin Piscator und Bertolt Brecht).
Beiden Formen, die auf die Gemeinschaft gerichtete Katharsis, wie die für den Einzelnen hervortretende Effekte jener „Reinigung", scheinen vom Bezugspunkt des unkalkulierbaren menschlichen Endes im Tod auszugehen. Die bis zum epischen Theater verbundene Illusion des Bühnengeschehens, die mit Identifikation mit den Hauptfiguren des Stückes einherging, ließ die Erkenntnis des Todes als wirkungsmächtiges Ereignis für die Figuren gelten, aus dessen Ende der Zuschauer den Bezug zu sich oder der Gemeinschaft herstellen konnte, der spürbar werden ließ, dass der Tod die unbesiegbare Begrenzung des handelnden Menschen blieb.
Das absurde Theater stellte seit den 1950er Jahren die aristotelische Kategorie im Rahmen ihres artikulierten Zweifels an der Erkenn- und Lenkbarkeit der Realität in Frage. Die Figurenkonstellation und Bühnenvorgänge im absurden Theater zeigten häufig Ausschnitte längerer (zuweilen sich wiederholender) Vorgänge, die stets nicht auf eine Lösung gerichtet waren, sondern mit der Repetition von Vorgängen und Äußerungen die Ausleerung von Sinn und den Zweifel an der Ordnungsmächtigkeit des Menschen sichtbar machen wollten.[4] (Beckett: Das letzte Band, Quard). Dagegen entwickelte der Neorealismus (Turrini; Stephenson) mit Schockerfahrungen eine veränderte Form der Katharsis, weil die Anteilnahme oder

4 Langner, Paul Martin: Wiederholungen als künstlerisches Strukturelement. Zum Verhältnis von Wiederholungen und Singularität. In: Wiederholung im Theater. Zur deutschsprachigen Gegenwartsdramatik und ihrer Inszenierung. Hgg. von Paul Martin Langner, Anna Majkiewicz und Agata Mirecka, Göttingen: Vandenhoeck & Ruprecht, 2021, S. 11–24. Vgl. auch: Langner, Paul Martin: Von der gelungenen Zeichnung zur Trade Mark. Von der Wiederholung der Zeichen. In: Von dem Glück, Janosch gekannt zu haben. Literarische Wurzeln der Identität. Hg. von Angela Bajorek. Wrocław, Oficyna Wydawnicza, 2017, S. 261–268.

auch der Effekt der Ablehnung oder des Ekels zur Rekonstruktion kathartischer Empfindungen führen soll.
Die von der Postmoderne inspirierten zeitgenössischen Autoren gehen spielerisch mit dem Moment der Katharsis um (Roland Schimmelpfennig[5]; Martin Crimp[6]), da sie teilweise die „Handlung" auf die Ebene sprachbasierter Imagination verschieben oder Handlung und Sprache verändert einsetzen. In diesen Kontext ist auch Elfriede Jelinek zu rechnen, die es den Regisseuren ihrer Stücke überlässt,[7] durch die Inszenierung kathartische Momente auf der Bühne zu realisieren. Durch diese kursorische Skizze soll verdeutlicht werden, dass es im Drama offenbar zu verschiedenen Zeiten unterschiedliche Ansätze zu ihrer Deutung und Realisation der Katharsis gab.[8] Mag der funktionale Aspekt, jene schon von Aristoteles prognostizierte „Rei-

5 Hansen, Simon: Nach der Postdramatik. Narrativierendes Text-Theater bei Wolfram Lotz und Roland Schimmelpfennig. Bielefeld: transcript, 2021. Zur Erinnerungsarbeit bei Lotz, die durch die gedankliche Vergegenwärtigung der Vergangenheit kathartische Momente schaffen kann, s. Distelhorst, Julia: Reaktion auf Geschichte: Geschichtsraum im Theater von Lothar Trolle – gezeigt am Beispiel von *Das Dreivierteljahr des David Rubinowicz*. In: Tendenzen der zeitgenössischen Dramatik. Hgg. von Paul Martin Langner und Agata Mirecka. Frankfurt a. M. u. a.: Peter Lang 2015, S. 31–42. u. Mirecka, Agata: Schreiben auf der Bühne bei Roland Schimmelpfennig. Rezeptionsästhetische Aspekte und New Philology als Metapher der Dokumentation der deutschen dramatischen Gegenwartsliteratur. Paderborn: Brill Fink, 2022.

6 Gospodarczyk, Joanna: Zwischen Nähe und Distanz – Zur Rezeption des Theaters von Martin Crimp in Deutschland. Dissertation [Manuskript] Jagiellonen Universität Krakau 2024.

7 vgl. Fuhry, Natalia: Die Stimmen sind das Theater: der theatrale Hör-Raum in den Stücken von Elfriede Jelinek. In: Raumformen in der Gegenwartsdramatik. Hg. von Paul Martin Langner und Agata Mirecka. Frankfurt a. M. et. al.: Peter Lang, 2017, S. 69–83.

8 Entsprechend die Vermutung von Warstat, Matthias: Katharsis heute. Gegenwartstheater und emotionaler Stil. In: Grenzen der Katharsis in den modernen Künsten. Transformationen des aristotelischen Modells seit Bernays, Nietzsche und Freud. Hgg. von Martin Vöhler und Dirck Linck. Berlin, New York: Walter de Gruyter, 2009, S. 349–365, hier S. 349.

nigung" durch verschiedene nonverbale und verbale Mittel zusammenfassen, so muss die Konstruktion und die Wirkungsmomente dieses kathartischen Moments unterschiedlich begründet werden. Diese Beobachtung kann hier nur als Gedanke angegeben werden. Dass es sich jedoch bei der Katharsis um ein Wirkungsmoment des Dramas handelt, dürfte hingegen unstrittig sein. Mit diesem Gedanken setzen die weiteren Überlegungen mit Blick auf ein Werk von Elfriede Jelinek ein, sie fokussieren sich auf das Verhältnis von Textfläche und Katharsis. Die nachfolgenden Gedanken richten sich erneut auf strukturelle Momente, die möglicherweise das Gefühl von „Reinigung" und „Wandel" beim Zuschauer bewirken können. Auf der Suche nach der Katharsis im zeitgenössischen Drama ist der Eindruck aufgekommen, dass auch Formen des Dramatischen, die mit Textflächen arbeiten, Momente der Katharsis beim Publikum erzeugen können. Zugleich stellt sich die Frage, wie diese Momente durch die Texte hergestellt werden kann.
Ein wesentlicher Akzent der Katharsis kann darin gesehen werden, dass der Zuschauer diesen Moment in seiner Wahrnehmung nicht steuern kann, sondern er wird ihm mittels des Bühnengeschehens annonciert. Diese nicht lenkbare Einflussnahme des Bühnenwerkes auf den Zuschauer ist eine Voraussetzung kathartischer Wirkung, die als eine Form des „Ausgeliefertseins" empfunden wird. Je stärker dieses Gefühl des Ausgeliefertseins sich ergibt, desto intensiver dürfte die emotionale Komponente des kathartischen Akzents beim Zuschauer hervorgerufen werden. Ohne dass mit dem Gefühl des Ausgeliefertseins eine Identifikation mit einer Figur verbunden sein muss oder aufgrund einer Handlung Anteilnahme provoziert wird, ist sie als reziproke Wirkung zwischen der emotionalen Reaktion und dem Gefühl des Ausgeliefertseins (als Betroffenheit) in dem Text enthalten. Darin könnte ein erster Hinweis auf eine kathartische Wirkung in zeitgenössischen Bühnentexten erkannt werden.[9]

9 Warstat identifiziert diese Aspekte bei den Vorgängen auf dem Theater. Vgl.

Versucht man aus einer strukturellen Perspektive das Moment der Katharsis auf diese Weise zu verstehen, so ergibt sich der Eindruck, dass in der überwiegenden Zahl postmoderner, dramatischer Texte die Katharsis im Verlauf des Aufbaus vom Text als Element des Abschlusses oder der Folge der dramatischen Vorlage oder auch des theatralen Geschehens (als Reflexion) ausgelöst wird. Offenbar ist Katharsis kein Element der Eröffnung eines Stückes oder in den Hauptteilen eines dramatischen Bühnenvorgangs nachweisbar, sondern die Katharsis erscheint als Element des Abschlusses eines Dramentextes bzw. einer Handlung auf der Bühne. Dieser Hinweis gibt einen zweiten Anhaltspunkt darauf, kathartische Wirkungen in Textflächen eher als strukturelles Moment wahrzunehmen und nicht so sehr als Konsequenz einer dargestellten Handlung auf der Bühne ausmacht werden kann.

Das strukturelle Moment, das die Katharsis als ein Element des Abschlusses von Dramen situiert, die zugleich als Wirkung beim Zuschauer ein Gefühl des „Ausgeliefertseins" bewirken kann, ist noch nicht ausreichend gefasst, um die Kategorie der Katharsis für Texte des Gegenwartsdramas zu reklamieren. Anhand einiger Beobachtungen an Elfriede Jelineks Stück „Lärm. Blindes sehen, Blinde sehen" sollen textliche Merkmale und Aspekte von Argumentationsmustern zusammengestellt werden, die verbunden mit den beiden zuvor erwähnten Aspekten eine Überlegung zu dem Verhältnis von Textflächen und Katharsis anregen.

Elfriede Jelinek gehört zu den derzeit meistgespielten, viel diskutierten und eingehend untersuchten, deutschsprachigen Autorinnen der Gegenwart. Auffällig ist, mit welcher ungeheuren Schnellig-

Warstat, Matthias: Katharsis heute. Gegenwartstheater und emotionaler Stil. In: Grenzen der Katharsis in den modernen Künsten. Transformationen des aristotelischen Modells seit Bernays, Nietzsche und Freud. Hgg. von Martin Vöhler und Dirck Linck, Berlin, New York: Walter de Gruyter, 2009, S. 349–365, hier bes. S. 357–365.

keit Stück auf Stück folgen, so dass man Sorge haben muss, dass Aussagen, die über Werke Jelineks getroffen werden, nach wenigen Monaten von anderen, neuen Texten widerlegt werden könnten. Ihre Texte sind stets engagierte Stellungnahmen zu der je aktuellen Situation der Welt, der Gesellschaft ihres Landes bzw. Europas, darüber hinaus stellt sie in den sprachlichen und argumentativen Mustern ihrer Texte Diskurse der Gegenwart sicher. Insofern können die Texte von Elfriede Jelinek als Archive der je aktuellen, sich zugleich zügig verändernden Diskurse in der Gesellschaft verstanden werden. Die Autorin reagiert entschieden und sensibel auf Tendenzen in den Gesellschaften Europas, gerade weil sie mit scharfen und wohlgesetzten Äußerungen an die Grenzen des Erträglichen zu geraten scheint, so scheinen ihre dramatischen Äußerungen aus einem Schmerz, einem Unbehagen, zu stammen, abgeleitet von Entwicklungen in Zentraleuropa. Zuweilen scheint sie mit ihrer künstlerischen Arbeit den Finger „auf die Wunden" zu legen, was durchaus schmerzlich sein kann und manchmal auch sein muss, wie man es bei dem Stück „Rechnitz" (Der Würgeengel) von 2008 sehen kann. Ebenso wäre ihre Arbeit „Die Schutzbefohlenen" (2013, UA 2014) zu erwähnen oder „Schnee Weiß" (UA 2018 Köln) um nur wenige neuere Beispiele aus ihrem Werk zu nennen. Auch „Lärm, Blindes sehen, Blinde sehen"[10] (2020, UA 2021 in Hamburg unter der Regie von Karin Beier) ist in diesem Zusammenhang zu nennen.
Jedoch geht es im Folgenden nicht um eine inhaltliche Würdigung der Arbeit von Elfriede Jelinek, die abschließend noch lange nicht möglich sein dürfte, sondern es geht in dieser kurzen Darstellung um Phänomene kathartischer Wirkung(-en) innerhalb der sog. „Textflächen", die die Autorin vorlegt.

10 Jelinek, Elfriede: Lärm. Blindes sehen, Blinde sehen. In: Theater heute (Beilage) Reinbek: Rowohlt, 2021. Nach dieser Textausgabe wird im Folgenden zitiert.

Auffällig ist, dass die Autorin sich in ihren Textkolumnen aller Regieanweisungen oder weitgehend der Nebentexte enthält. Einige der Kommentatoren der Werke Jelineks erkennen in dieser geballten Form von Textmaterial eine Weiterentwicklung, die sich aus ihrer Arbeit an Romanen, also aus der Erzählsituation in ihren Prosatexten entwickelt hat.
Im Zusammenhang fallen formale und sprachliche Mittel auf, mit denen Jelinek ihre Texte erarbeitet, die Kontinuitäten sichtbar machen, die für das Werk der Autorin von Bedeutung sein werden. Einige der kontinuierlich auftretenden Schreibstrategien sollen im Folgenden skizziert werden.
Auffällig sind im 1. Teil von „Lärm" die gehäuften, wie staccato verwendeten Personalpronomina (1. Sg. u. 1. Pl.). Sie erzeugen eine Form von Gleichmaß, eine Art „drive", den die Schauspieler im Spiel entwickeln müssen und den dann der Zuschauer in der Inszenierung erlebt. Insofern scheinen die wenig strukturierten Textflächen in eine Art „script" (im Sinne von Schechner) zu mutieren. Das Begriffspaar „script" und „Drama" führt hin zu der offenen Form des Vorlagentextes, der erst durch die Inszenierung eine stärkere Wirkungskomponente erhält. Das entsprechende Begriffspaar „performance" und Theater bleibt im Folgenden unberücksichtigt.
Die Textflächen von Jelinek können unter diesem Blickwinkel mit der weiten Bedeutung eines „scripts" verbunden werden, in dem „something that pre-exists any given enactment, which persists from enactment to enactment"[11], auf der Bühne erscheint. Dieser gegebene Text bestimmt zugleich aber das Geschehen auf der Bühne *nicht* vorher. Das würde aber auch bedeuten, dass die volle Wirkung eines Dramas, sich erst durch die Aufführung realisiert und daher das kathartische Ereignis sich erst dort aufbaut. Diese in der Bühnenrealisation verlagerte Katharsis, die sich nicht aus dem Dramen-

11 Schechner, Richard: Performance Theory. London, New York: Routhlegde 2003, 2. Auflage, S. 68.

text, sondern aus der theatralen Umsetzung ergibt, würde darauf hindeuten, dass der von der Autorin (oder einem Autor) verfasste Text als Basis für die Inszenierung herangezogen wird, ohne dass er die Abläufe der Inszenierung anordnet, wie es in der klassischen aber ebenso in vielen Fällen der modernen Dramatik der Fall war. Der Text eines Stückes erscheint in dieser Konstellation in der Funktion eines dramatischen Vorentwurfs, dessen Inszenierung dennoch nicht als Realisation des Textes gelten und entsprechend analysiert werden könnte.

Eine Bestätigung der Annahme, dass der Text nicht Anteil an der Wirkungskomponente des Bühnenwerks hat, findet sich u.a. in einem Interview mit Susanne Teutsch anlässlich der Hamburger Inszenierung von „Lärm". In diesem Gespräch weist Teutsch daraufhin, dass sie bei neuen Jelinek-Texten stets darauf vertrauen könne, „dass sich nach und nach ergiebige Interpretationsräume [...] erschließen" würden.[12] Aber diese Interpretationsräume vereindeutigen die Aufführungsstrukturen noch nicht, denn zum Ende des Stückes „Lärm" entwickelte sich das Hamburger Bühnenbild (2021) „in einen gekachelten Raum, der an Fleischfabriken, aber auch an Leichenhallen und Obduktionsräumen erinnert".[13] Diese Interpretationsräume und das sich daraus ergebende, sich in seinen Bedeutungen überlagernde Bühnenbild zeigt einerseits auf eine kaum vorgegebene, inhaltliche oder strukturelle Bestimmung durch den Dramentext, andererseits aber auch eine offene, polysemantische Vorgabe für die Inszenierungselemente im Theater. Katharsis wäre damit ein Wirkungselement des Bühnengeschehens und nicht Resultat der dramatischen Textvorlage.

Verlagert sich demnach die theatrale Umsetzung vom vorgegebenen Dramentext auf die Inszenierungsdynamik auf der Bühne des

12 Theaterheft S. 99.
13 Ebd. S. 101.

Theaters, erschiene es müßig, im Dramentext eine Struktur suchen zu wollen, die zur Katharsis führt.
Um den Text des Stückes „Lärm" und seine Strukturelemente besser verstehen zu können, sollen im Folgenden einige Textmerkmale aufgeführt werden, mit denen der Text arbeitet:
Sichtbar ist in den Textflächen von Jelinek eine Vielfalt von sprachlichen Strukturen, die sowohl verundeutlichen, aber auch verkomplizierenden, zugleich aber auch vereinheitlichen.
Es ist diese Vielstimmigkeit, die die Textflächen von Elfriede Jelinek auszeichnen. Jedoch kommt hier weniger die einzelne Replik in den Blick, als vielmehr eine übergangslose Kombination von Stimmen, die mit Hilfe sprachlicher Techniken jenen „drive" des Textes erzeugen, der den Zuschauer mitnehmen soll. Zu den sprachlichen Techniken, die im „Lärm" von der Autorin genutzt werden, gehören u. a.:

- Kalauer:

  „Dann erreicht das Wasserstoff-Atom mit seinem guten positiven Kern namens Proteus, nein, Proton und dem eher negativ gesinnten flinken Elektron …" (S. 2, Z. 9–11).

- Formen des uneigentlichen Sprechens:

  „Das dauert aber noch, bezwingen Sie den Zorn ihres Herzens und posten Sie nicht dauernd Unsinn. Es ist ganz egal, was sie sagen, die Götter, die dunklen Götter, im Nichts wohnen sie, aber aus goldenen Bechern müssen sie trinken, und von goldenen Tellern müssen sie essen, im Nichts, wo man sie doch gar nicht sieht!, so wären wir gar nicht da, als wären wir niemand! Sie werden uns noch kennenlernen." (S. 20, Z. 26–31).

- Wechsel von sprachlichen Standards:

  „Mit seinem hohen Geweih geht er kaum durch die Tür, so springt er mir auf den Weg, er springt aus der Weide des Waldes zum Bache lechzend hinab, denn ihm brannten bereits die Strahlen der Sonne. Krass." (S. 9, Z. 61–63).

Unabhängig, dass im ersten Teil des Satzes ein Zitat aus der Odyssee (in der Übersetzung von Voß) aus dem 10. Gesang verarbeitet wurde, ist die aus der Jugendsprache entlehnte Interjektion „krass" eine völlig andere stilistische Sprachebene, die hier mit der hochsprachlichen, rhythmisierten Sprachebenen konfrontiert werden.

- Semantische Brechungen:

  „Ich bitte nicht um ihr Verständnis, obwohl ich mich dauernd entschuldige, auch wenn das gar nicht nötig wäre, Sie sind mir ja nicht absichtlich auf den Fuß getreten. Durch die Maske kann ich zwar sehen, wer Sie und wo Ihre Füße sind, wenn ich wieder mal den Rücktritt von irgend jemanden fordere, der an irgendetwas schuld ist. Und überhaupt, das wollte ich noch sagen, bevor ich, wie üblich, viel mehr sage: Keiner, außer mir, entschuldigt sich mehr! Ich zeige ein Zeichen, schon fällt es mit dem Gezeigten zusammen, das Zeichen fällt mitsamt dem Gezeigten zusammen. Hören Sie es krachen? Die lassen es nämlich so krachen, daß man keine Luft mehr kriegt." (S. 3, Z. 18–27)

- Wiederholungen, als Beispiel wird hier die Verwendung des Verbs „lesen" hervorgehoben:

  „Das haben wir gelesen" (S. 3, Z. 70); „das haben wir gelesen" (Z. 81); „das können Sie überall lesen." (Z. 89); „Aber auch wir haben es gelesen …" (Z. 97); „Wir haben es selbst gelesen" (Z. 101); „… denn sie hat es woanders gelesen …" (Z. 109); „Das müssen Sie lesen." (Z. 119); „ich habe es gelesen" (Z. 129).

Hinzukommen rhetorische Figuren, wie

- die Enallage

  „… die Moderatorin reißt das blonde Maul auf…" (S. 5, Z. 58);

- die Tmesis in folgendem Satzteil:

  „… weil allein wir die Wahrheit kennen …" (S. 5, Z. 68); die Apostrophe: „… was reden Sie da, … was reden Sie da, …" (S. 5, Z. 73–74)

- der Zirkelschluss:

  „Er sagt uns genau das, was wir immer schon gesagt haben. Was wir immer gesagt, aber nicht verstanden haben, das kommt aus ihm heraus, als hätten wir es selbst von uns gegeben und gleich wieder eingesteckt. Wir erkennen ihn wie uns selbst. Wir weihen Eingeweihte ein, die wiederum uns ihren Segen geben." (S. 5, Z. 32–36)

Die Vielfalt der sprachlichen Mittel und Techniken belegen den spielerischen Umgang Jelineks mit der Sprache und der Text ist zugleich ein anregendes Beispiel für die Komplexität sprachlich-semantischer Strukturen, Changieren von lexikalischen Bedeutungen, Umdeutungen, durch die Wiederholung entleerter Begrifflichkeit. Es entstehen Überlagerungen, Mehrdeutigkeiten und semantische Störungen. Darauf legt die Autorin es an, sie möchte gerade die „Taschenspielertricks" der Sprache bloßlegen, um dem Leser und Zuschauer auf die Gefahren sprachlicher Überlastungen von Texten zu verdeutlichen. Das spielerisch Deutliche wird in der Summe der komplexen Strukturen zum semantischen „Dickicht" intensiviert. Eines der Ziele dieser Verdichtung von Sprache kann in der bewussten Verunklärung des Sinnes im Text gesehen werden.
Entgegen der Vorstellung, dass Autoren Lösungen vorzugeben hätten, entzieht sich Jelinek (ganz der Postmoderne verpflichtet) diesem Anspruch. Sie zeigt resp. dokumentiert vielmehr die sich aus der veränderten Kommunikation über die Sozialen Medien ergebenden sprachlichen „Untiefen", die auf eine „bösartige Polarisierung der Gesellschaft" hinweisen, wie Rita Thiele konstatiert und weiter ausführt:
„Denn die Abwesenheit psychischer Körper und die Steuerung durch Algorithmen befördert massiv und allerorts, dass die Meinung

der eigenen Community absolut gesetzt wird." Diese Vorgaben des elektronischen Verfahrens führt ihrer Ansicht nach zu destruktiven Aspekten der aktuellen Kommunikation im Netz[14] und sieht in der dramatischen Bearbeitung dieser Phänomene durch Jelinek die Aktualität ihrer Themenwahl bestätigt.

Die Überfrachtung und Überschichtung des erarbeiteten Textes aus Zitaten aus dem elektronischen Textuniversum belegt nicht nur die starke Intertextualität dieser Textsorten (posts, Chats etc.), sondern auch das unzureichend ausgebildete Verlangen, auf die Beiträge zu reagieren. D. h. jeder der Teilnehmer spricht für sich und sein Beitrag erfüllt sich in der Produktion, nicht in der logischen oder problemorientierten, gemeinschaftlichen Lösung. Gerade diese Beziehungslosigkeit der Beiträge, die sich jeweils nur stimulieren, nicht aber vertiefen, erweitern oder korrigieren. Die Abgeschlossenheit der „eigenen Community" entwickelt sich als ein Prozess der gegenseitigen Verstärkung, nicht aber Vertiefung der Themen oder eines Problembewusstseins, mit denen man sich vorgeblich beschäftigt. Da also nicht das Prinzip von „Thema-Rhema" angestrebt wird, sondern die gegenseitige Bestätigung und Exklusion aller nicht zur „community" gehörenden „Anderen".

Der Text von Jelinek scheint also dem Blick durch das „Schlüsselloch" ins „Textuniversum" dieser Textgattungen zu gleichen. So wenig, wie der Betrachter durchs Schlüsselloch aus der sichtbaren Situation den Vorgang im anderen Zimmer erkennen kann, weil große Teil des „Universums" durch die Begrenzung des „Schlüssellochs" abgedeckt sind, so wird auch dem Zuschauer kaum das Ausmaß der Vernetzung aller Textbausteine, mit denen die Autorin arbeitet, klar, wie Jelinek am Beginn des Stückes schreibt:

> Hören Sie mir beim Nachreden zu. … Sie werden nie entscheiden können, was ich ursprünglich geschöpft, erfahren, errungen habe und was abgeschrieben und nachgeredet ist. Ich drehe das Licht an, schlage die

14 Theaterheft S. 104.

> Zeitung auf und schreibe sie ab. Ich schaue in diese elektronische Seite und lasse mich von Partikeln treffen, die schnell sind wie das Licht oder fast so schnell. (S. 2, Z. 1 + 3–7)

Das von Jelinek hier beschworene Prinzip des Abschreibens und Repetierens verdeckt selbstverständlich die kreative Anlage des Textes. Aber eben – wie durchs Schlüsselloch – bleiben unzuverlässige Leuchtspuren erkennbar, deren Kontext ausgeblendet wurden. Damit reproduziert die Autorin die Abgeschlossenheit einer „Community", die im Prozess gegenseitiger Verstärkung und Bestätigung die Exklusion der nicht zur „Community" gehörenden „Anderen" vorantreibt. Sie *zeigt* diesen Vorgang mehr, als dass sie ihn beschreibt oder deutet. Sie nimmt ihn in ihrer Textarbeit vor. Es kommt weniger auf die Ergründung des komplexen Prozesses an, sondern auf den Vorgang einer „nicht-funktionierenden, funktionierenden" Kommunikation und dem dabei sichtbar werdenden Umgang mit Textmaterial in den sozialen Medien, bei denen das „Klicken" des Einzelnen den Wert ausmacht, nicht aber der Reflex auf eine vorhergehende Position oder die Bearbeitung eines Themas.

Während auf der Textebene Ernstes und Spaßiges miteinander vermischt wird, führt der Textverlauf in immer stärkerem Maße zu einer Verunklärung der Aussagen, wozu die oben aufgeführten Textstrategien dienen. An einem Beispiel wird diese angestrebte Verundeutlichung greifbar: „Ich zeige ein Zeichen, schon fällt es mit dem Gezeigten zusammen, das Zeichen fällt mitsamt dem Gezeigten zusammen." Diese „Zeichentheorie" setzt die bekannten Modelle der Semiotik außer Kraft, sondern zeigt das Vermengen von Aussagen ohne sprachlogisch formuliertes Ziel.

Die zuvor aufgeführten Textstrukturen generieren die Grenze zum Unverstandenen und führen zum Unverständnis. Zugleich lassen diese Strukturen den Zuschauer das verschleierte Unverständnis in Bezug auf die Aussagen der sich wütend Redenden. Deswegen

tritt in der Textfläche als Bühnenvorlage die Überfrachtung und Überlagerung in immer deutlicherem Maße hervor.
Wie bereits zum Beginn der Überlegung hingewiesen, stellt die Katharsis ein strukturelles Element des Abschlusses eines Bühnenwerkes dar. In dem Stück „Lärm. Blindes sehen, Blinde sehen" werden auf dem Hintergrund einer bedenklichen Zeichentheorie, die Angreifenden stets eher die Richtung und Dynamik wahrzunehmen glauben, nicht aber die sie leitenden Strukturen.
Zu Beginn des Stücke formuliert die Sprechstimme jene eigenartige Zeichentheorie. „Ich zeige ein Zeichen, schon fällt es mit dem Gezeigten zusammen, …" (Z. 3, Z 24–25) mit der die Struktur der inhaltlichen „Argumentation" in der Textfläche angeblich erklärt wird. Auch wenn die Autorin im Anschluss an dieses Zitat mit der Doppeldeutigkeit des „Zusammenfallens" (im Sinne von Zerbrechen vs. Deckungsgleichheit) spielt, wendet sich dieser Satz, von der grundlegenden Vorstellung der Semiotik ab, die zwischen „signifiant" und „signifié" unterscheidet. In der „Zeichentheorie" im „Lärm" entsteht dagegen zwischen den beiden Polen keine Relation, vielmehr deutet die Autorin eine Vermischung und Überdecken von Zeichen und Gezeigtem an. Nicht Distanzierung als Voraussetzung des Verstehens oder Relationierung als (Zu-)Ordnungsprozess unterschiedlicher Elemente zur Erzeugung von Zeichen sind in dieser vorgeblichen „Zeichentheorie" enthalten, sondern das Vermischen und Verundeutlichen.
Das Ineinandermischen der Beiträge und (Teil-)Sätze im Text von „Lärm" zielt auf die formale Gegebenheit der Textfläche, mit der das Stück sich selbst verfängt:

> Und jetzt wollen sie uns zerstören, durch Vorsorgemaßnahmen, daß wir nicht werden dürfen wie sie, sehen Sie, genau damit wollen sie uns zerstören. Wir können sie nicht einmal stören, sie sehen uns nicht, sie hören uns nicht, aber sie wollen uns zerstören. Sie verweisen, indem sie uns impfen und dann töten, indem sie uns an die Impfung verweisen, damit wir nie, niemals wir selbst sein können, verweisen sie uns auf

> etwas anderes, was sich nicht zeigt, dadurch, daß das Erscheinende selbst sich zeigt, das heißt, daß das, was sich als Symptom gibt, in Wirklichkeit ein Phänomen ist. (S. 23, Z. 13–21)

Geringe Nuancierungen von Bedeutungen führt im Aufbau der „Argumentation" des Textes zu einem „kreisenden" Wiederholen, das an zyklische Abläufe oder Zirkelschlüsse erinnert. Noch auf der gleichen Seite findet die Textfläche ihren Abschluss:

> Wir sind doch schon draußen! Wohin wollen sie uns verweisen, wir sehen nichts, zeigen aber genau, wohin das führt. Wir sehen den Ort unseres Verweises schon, wir müssen ja dorthin, wir wurden dorthin verwiesen. Sich zu zeigen, darin besteht das Phänomen, der eigentliche Sinn des Phänomens. Warum also sieht man uns nicht? Warum sehen sie uns nicht, wollen uns aber töten und dann impfen? Warum? Etwas kann nur als sich-selbst-Zeigendes verweisend sein. Indem sie sich nicht zeigen, verweisen sie uns an unsren Platz. Dann verweisen sie uns von unsrem Platz wieder fort. In die Dunkelheit. (Z. 23, Z. 44–52)

Mit dem Wahrnehmen des Abreißens vom Text, von der Argumentation und von der Stimme (den Stimmen – je nach Inszenierung) im Moment am Ende des Stückes ist der Zuschauer konfrontiert mit dem Verstehen (im Sinne von Begreifen) des Nicht-Verstehens.[15] Kein dramatischer Akt beendet das Stück, keine sukzessive Steigerung der „Argumentation", sondern eine stille Erkenntnis, dass die am Entwicklungsprozess nicht Beteiligten „in die Dunkelheit" entlassen werden.

Dieses Ende muss für den Zuschauer abrupt wirken, wie auch immer die Inszenierung aufgebaut ist. Dem gespannten Nachhören und dem Versuch „mitzudenken", folgt die momentane Stille nach dem Sprechen und die Konfrontation, das Gehörte und Gesehene sinnhaft zu verarbeiten und damit zu begreifen.

15 Lehmann, Hans-Thies: Tragödie und dramatisches Theater. Berlin: Alexander Verlag 2013, S. 218.

Der Zuschauer wird durch die anwachsende Textfläche eher verunsichert oder beunruhigt nach dem Sinn fragend zurückgelassen. Die Reaktion auf das Abreißen des Textes könnte kathartische Wirkung beim Zuschauer hervorrufen. Als Abschlusselement ist das Ende des Textes eine unerwartete Zäsur. Da die Wirkung des Theaters, das – wie in diesem Fall – vom Text geleitet wird, der nicht einer Handlung unterworfen ist, ausschließlich auf die Textproduktion konzentriert ist, ist der Zuschauende dem Anwachsen des Textes „ausgeliefert", ohne steuernd eingreifen zu können.
Reißt das Anwachsen des Textes am Schluss des Stückes ab, bleibt der Zuschauende mit dem nachsinnenden Ordnen des Gehörten auf sich zurückverwiesen. Das Abreißen des Textflusses, der zudem noch verundeutlichend erscheint, der Information auf Information, Bild auf Bild und herausfordernde Verundeutlichung auf Verundeutlichung häuft, lässt den Zuhörenden in der Deutungsoffenheit des Gehörten zurück. Hier kann der abgerissene Textfluss auf kathartische Wirkung zielen, die das Fließen des Textes in das Erfassen des Gesagten umgießen muss. Katharsis wäre so verstanden, ein Krisenpunkt vor der Setzung der Bedeutung des Stückes und seiner Bewertung, der aber zugleich im Text, resp. in der Entwicklung des Textflusses angelegt ist. Katharsis erscheint – so gesehen – als Krisenpunkt, der das Ausgeliefertsein an den Text für den Rezipienten spürbar macht, am Ende des Stückes gesetzt ist und den Zuschauer (Leser) zum Ordnen des Wahrgenommenen entlässt.

Schweigen ist Silber, Reden ist Gold

Über die scheinbar reinigende Wirkung des Sprechens in Elfriede Jelineks *Rechnitz (Der Würgeengel)*

Natalia Fuhry

> Ich habe ein Theaterstück, ‚Rechnitz', geschrieben, ein Stück über etwas, von dem man kaum etwas wissen kann. [...] Das Ganze ist ein seltsames Herumstochern im Dunkeln, denn die Situation ist ja die: Etwas hat nachweislich stattgefunden, ein Massenmord, die Erschießung von 180 ‚ausrangierten' jüdischen Zwangsarbeitern aus Ungarn. [...] Die Haupttäter sind geflohen, die Nebentäter sind verschwunden, die Opfer sind weg.[1]

Elfriede Jelinek spricht in diesem Zitat die größte Schwierigkeit an, vor die die Autorin in den Jahren 2006 und 2007 im Zuge ihrer Recherchen zu *Rechnitz (Der Würgeengel)* gestellt wurde: Es war das jahrzehntelange Schweigen über das Massaker in dem österreichischen Ort, welches sich in der Nacht vom 24. auf den 25. März 1945 ereignet hatte. Das Verbrechen war jahrzehntelang ein gut gehütetes Geheimnis der Zeitzeug:innen und der Nachfolgegenerationen, wobei die Details der Mordnacht bis heute unaufgeklärt sind.

Die Schwierigkeit, mit der Jelinek im Falle des Massakers von Rechnitz konfrontiert wurde, ist keine singuläre im Zusammenhang mit Verbrechen des Zweiten Weltkrieges. Zwar konnte dank unermüdlicher historischer Aufarbeitung das Ausmaß der Straf-

1 Jelinek, Elfriede: Ein Zwischenfall. In: Der Fall Rechnitz. Das Massaker an Juden im März 1945, hg. von Walter Manoschek, Wien: Braumüller 2009, S. 1–4, hier: S. 1.

taten deutlich fassbarer gemacht werden, doch ist dieser Aufklärungsprozess bis heute nicht vollständig abgeschlossen. Zu den bislang nicht eindeutig geklärten Gräueltaten zählen eine Vielzahl der nationalsozialistischen „Endphasenverbrechen“[2] während der letzten Kriegsmonate, in denen trotz hoffnungsloser Aussichten auf Seiten Nazi-Deutschlands nicht nur bis zum Ende gekämpft, sondern auch bis zum Ende gemordet wurde. Die Täter:innn waren sowohl Angehörige nationalsozialistischer Organisationen wie der SS, der Gestapo oder des Volkssturms, als auch unorganisierte Gruppen und Einzeltäter[3]. Zu ihren Opfern zählten vor allem Deserteure und KZ-Häftlinge. Letzte kamen in großer Zahl etwa bei den sogenannten „Todesmärschen“ ums Leben, als die frontnahen Konzentrationslager geräumt und die Gefangenen in andere Lager gebracht werden sollten.[4] Bei den oft tage- bis wochenlangen Märschen und Zugtransporten starben Häftlinge an Hunger, Kälte und Erschöpfung, wurden einzeln oder auch in Massenexekutionen ermordet, wie beispielsweise am 13. April 1945, als NSDAP-Kreisleiter Gerhard Thiele die Ermordung von über 1000 Häftlingen in einer Feldscheune im sachsen-anhaltischen Gardeleben anordnete[5].

1.

Anders als bei dem Massaker vom 13. April 1945, bei dem der Täterkreis äußerst genau ausfindig gemacht und teilweise zur Verantwortung gezogen werden konnte, sind bei den Verbrechen in

2 Manoschek, Walter: Nationalsozialistische Moral, situativer Rahmen und individuelle Handlungsspielräume als konstitutive Elemente bei der Vernichtung von Juden. In: Der Fall Rechnitz. Das Massaker an Juden im März 1945, hg. von Walter Manoschek, Wien: Braumüller 2009, S. 5–28, hier: S. 5.

3 Vgl. Blatman, Daniel: Die Todesmärsche 1944/45. Das letzte Kapitel des nationalsozialistischen Massenmordes. Reinbeck bei Hamburg: Rowohlt Verlag 2011, S. 453–455.

4 Vgl. ebd., S. 520ff.

5 Vgl. ebd., S. 533ff.

Rechnitz bis heute viele Fragen offen geblieben.[6] Als gesichert gilt, dass am 24. März 1945 mehr als 180 meist jüdische Zwangsarbeiter:innn in dem burgenländischen Grenzort im Zuge eines exzessiv-ausschweifenden Gefolgschaftsfestes erschossen wurden, das die Gräfin Margit Batthyány – Unternehmerstochter aus der Thyssen-Familie – für SS- und Gestapo-Anhänger sowie einheimische Kollaborateure auf ihrem Schloss ausgetragen hatte, wenige Tage bevor die Rote Armee den Ort einnehmen konnte.[7]
In den kurz nach Kriegsende durchgeführten Verhandlungen vor dem österreichischen Volksgericht konnten nur wenig Zeug:innen vernommen werden, die wiederum teils sehr widersprüchliche Aussagen tätigten, sodass nur wenige Details über das Massaker zweifelsfrei ermittelt werden konnten. Festgestellt wurde, dass nachdem am 24. März kurz vor Mitternacht das Telefon im Schloss der Gräfin geklingelt hatte, Waffen an einige Gäste ausgeteilt wurden. Danach verließ eine Gruppe von ca. zehn Personen das Schloss der Gräfin für einige Zeit und erschoss die Zwangsarbeiter:innen am Ortsrand, bevor die Mörder wieder zu den Feierlichkeiten zurückkehrten. Bei den Opfern soll es sich vor allem um ungarische Juden und Jüdinnen aus einem Sammellager nahe Kőszeg/Gems im ungarisch-österreichischen Grenzgebiet gehandelt haben, die in einer Gruppe von über 600 Menschen zur Errichtung des sogenannten Südostwalls gegen die herannahende Rote Armee von

6 Vgl. Manoschek, Nationalsozialistische Moral. 2009, S. 52.

7 Litchfield, David R. L.: Die Gastgeberin der Hölle. Massaker von Rechnitz, http://www.faz.net/aktuell/feuilleton/debatten/massaker-von-rechnitz-die-gastgeberin-der-hoelle-1490489.html (Zugriff am 29.8.2018)

Kőszeg/Gems[8] nach Burg deportiert werden sollten.[9] Die Opfer von Rechnitz wurden aufgrund ihrer schlechteren körperlichen Verfassung von der restlichen Gruppe getrennt und in der Mordnacht vom Bahnhof in Rechnitz zum Kreutstadl – einem Wirtshaus außerhalb des Ortskerns – gebracht, wo sie dann erschossen wurden.

Bis heute ist kein Massengrab gefunden worden, auch eine ausführliche Suche im Jahr 2021, bei der 20 Prozent der rund 300 000 m² dafür in Frage kommenden Fläche umgegraben wurden, blieb erfolglos.[10] Zudem sind nicht alle Täter:innn namentlich ermittelt, geschweige denn zur Verantwortung gezogen worden. Die Hauptverdächtigen wie etwa der Gestapoführer Franz Podezin sowie Gutsverwalter und NSDAP-Mitglied Hans Joachim Oldenburg konnten flüchten, andere wiederum erhielten nur milde Strafen. Auch die Anzahl der Opfer gilt als unsicher. Indizien deuten darauf hin, dass es sich um mehrere Transporte nach Rechnitz gehandelt haben könnte, wodurch die Zahl der Opfer noch deutlich größer ausgefallen sein könnte als bislang angenommen.[11] Ob und inwiefern die Gräfin und die Familie Thyssen zum Kreis der Mittäter:innen gehörten, ist ebenfalls umstritten, was die kontroversen und

8 Anfang 1945 waren im Lager Kőszeg/Gems ca. 8000 ungarische Zwangsarbeiter:innen inhaftiert, die sich auf vier kleinere Lager im ungarisch-österreichischen Grenzgebiet verteilten. Vor allem wegen der Anbindung an die Eisenbahnstrecke bot sich dieser Ort als „Sammelpunkt" für Zwangsarbeiter zum Errichten des „Südostwalls" an. (vgl. Manoschek, Nationalsozialistische Moral. 2009, S. 45.)

9 Vgl. ebd., S. 44.

10 Vgl. Mauthner-Weber, Susanne: Warum es so schwierig ist, das Massengrab von Rechnitz zu finden. Archäologen, Historiker und Archivare haben sich zusammengetan, um dem Grab von 200 NS-Opfern auf die Spur zu kommen. Und scheiterten – vorerst, https://kurier.at/wissen/wissenschaft/warum-es-so-schwer-ist-das-massengrab-von-rechnitz-zu-finden/401380262 (Zugriff am 4.3.2024)

11 Vgl. Manoschek, Nationalsozialistische Moral. 2009, S. 45f.

heftigen Debatten um David L. R. Litchfields 2006 veröffentlichtes Buch *The Thyssen Art Macabre* zeigen[12]. Der Journalist stellte in seiner Publikation einen direkten Zusammenhang zwischen der Thyssen-Familie und den Ereignissen vom 24. März her, und interpretierte das Massaker als „Partyvergnügen"[13], woraufhin Litchfield sich einer Welle der Kritik ausgesetzt sah. Ihm wurde in erster Linie eine mangelnde Beweislage vorgeworfen und seine These an der Mittäterschaft der Thyssen-Familie zurückgewiesen. Nichtsdestotrotz wurde jedoch begonnen, über die Personen zu diskutieren, „die für die Tat, die Morde verantwortlich gewesen sein könnten – oder mangels an Zeugnissen eben genau nicht"[14]. Auch wenn Litchfields Thesen bis heute umstritten sind, gab sein Buch 2006 einen wichtigen Anstoß, sich mit dem Massaker ausführlich auseinanderzusetzen, sodass Rechnitz heute zu einem der bekanntesten „Endphasenverbrechen" Österreichs geworden ist. Litchfields Publikation initiierte nicht nur eine gründliche Auseinandersetzung mit dem Verbrechen, sondern sie leitete auch einen Diskurswechsel ein. Denn wo in den Jahrzehnten zuvor der Fokus der Untersuchungen auf der Suche nach dem Massengrab lag, so

12 In seiner 2006 erschienenen Publikation *The Thyssen Art Macabre* stellt der Journalist eine klare Verbindung zwischen dem Massaker und Gräfin Margit Batthyani her, was jedoch andere Historiker:innen vor allem aus Mangel an Beweisen anzweifeln. (Vgl. Anja Seeliger, *Die FAZ, die Bild und das Massaker von Rechnitz*, https://www.perlentaucher.de/link-des-tages/die-faz-die-bild-und-das-massaker-von-rechnitz.html (Zugriff am 30.8.2018)

13 Janke, Pia; Kovacs, Teresa; Schenkermayr, Christian: Intro. In: Die endlose Unschuldigkeit. Elfriede Jelineks Rechnitz (Der Würgeengel), hg. von Pia Janke u. a. Wien: Preasens Verlag, 2010, S. 9–13, hier: S. 9.

14 Janke, Pia: „Herrschsucht, ja, haben wir." Die Täter in Elfriede Jelineks Rechnitz (Ein Würgeengel), in: Die endlose Unschuldigkeit. Elfriede Jelineks Rechnitz (Der Würgeengel), hg. von Pia Janke u. a. Preasens Verlag, Wien 2010, S. 239–254, hier: S. 240.

setzte nun ein Diskurs über den Täterkreis ein, zu dem auch Elfriede Jelinek mit ihrem Theatertext *Rechnitz (Der Würgeengel)* beitrug.[15]

2.

Die Aufarbeitung des Antisemitismus' der Nazi-Zeit und vor allem des Schweigens über Österreichs Verantwortung ist ein wiederkehrendes Thema in den Texten Elfriede Jelineks, in denen sie teils provokativ immer wieder auf die mangelnde Vergangenheitsbewältigung der NZ-Zeit aufmerksam macht. *Rechnitz (Der Würgeengel)* war Jelineks künstlerischer Beitrag zur medial geführten Debatte um Litchfields *The Thyssen Art Macabre*. Doch auch wenn sich Jelineks Theatertext explizit auf Litchfield bezieht und das Buch etwa in den Danksagungen aufgeführt wird[16], ist *Rechnitz* kein Geschichtsdrama, sondern eine künstlerische Verarbeitung der Debatte um Litchfields Thesen. Denn der Text greift zwar dessen Thesen und Schlussfolgerungen auf, führt diese jedoch ad absurdum und macht sie zu einem künstlerischen Stilmittel. In einer makabren Zuspitzung heißt es etwa über die Gräfin: „Und es ist nur ein Gerücht, daß die Gräfin das Haupt des Höhlenmenschen, den sie erschossen hat, auf ihren Jagdstock gespießt und mitgenommen hat wie eines wilden Tieres Kopf."[17]. Doch nicht nur die Gräfin wird in *Rechnitz* unmissverständlich genannt, sondern auch die weiteren Hauptverdächtigen wie Podezin und Oldenburg: „Und die Herren P. und O. müssen wir auch noch mitnehmen, geht ja alles in einem Blutaufwasch, denn das sind die echten hohlen Menschen, in die geht alles rein."[18]

15 *The Thyssen Art Macabre* war eine der wenigen Jelinek zur Verfügung stehenden Quelle für die Recherche zu ihrem Theatertext. (Vgl. Jelinek, Ein Zwischenfall. 2009, S. 1.)

16 Vgl. Jelinek, Elfriede: Rechnitz (Der Würgeengel). In: Drei Theaterstücke. Reinbek bei Hamburg: Rowohlt Verlag: 2012, S. 53–205, hier: S. 205.

17 Ebd., S. 156.

18 Ebd., S. 61.

Trotz dezidierter Verweise und Anspielungen auf den verdächtigen Personenkreis im Zusammenhang mit dem Massaker, kommen in *Rechnitz (Der Würgeengel)* jedoch keine konkreten oder historischen Figuren selbst zu Wort, sondern es berichten ausschließlich Boten über die Mordnacht. Mit den Botenberichten greift Jelinek ein vor allem aus dem antiken Theater geläufiges Stilmittel auf, mit dem Geschehnisse erzählt, aber nicht dargestellt werden und gleichzeitig wichtige Handlungsverläufe gerafft werden können. Doch im Gegensatz zum antiken Theater gibt es in *Rechnitz* über die Mitteilungen der Boten hinaus, als Sekundärquellen über die Geschehnisse, keine weiteren Aktionen. Einzig in den Regieanweisungen zu Beginn des Textes ist vermerkt: „Ab und zu kommt jemand in seiner derangierten, aber sehr eleganten großen Abendkleidung, aber mit Gewehr“[19], sodass zum Bericht der Boten lediglich „eine wortlose Parallelaktion“[20] stattfindet. Die Parallelaktion besteht darin, dass stumme Figuren mit Waffen schießen, wobei die Boten sie entweder unterstützen oder das Abfeuern der Waffen zu verhindern versuchen. Das epische Moment wird zur zentralen „Handlung“ des Stückes, und so stehen eineinhalb Seiten Regieanweisung – also beschriebener und in der Bühnenrealisierung auszuführender Aktion – 146 Seiten Botenbericht gegenüber. Mit dieser besonderen Gewichtung der Narration gegenüber der Aktion wird der Gesellschaft ein Spiegel vorgehalten, da sie bei der Aufklärung des Massakers bis heute mehr spricht als effektiv handelt und Spekulationen gegenüber Fakten dominieren.

Auch eine weitere theatrale Übersetzung der Gerüchte um das Verbrechen von Rechnitz findet sich in der Instanz der Boten wieder. Denn Jelineks identitätslose Berichterstatter sind keine verlässlichen Zeugen: „Wer ist es denn, der das sagt, was nicht die Wahrheit sein

19 Ebd., S. 55.
20 Janke, Herrschsucht, ja, haben wir. 2010, S. 244.

kann? Der Bote!"[21] Mit den Aussagen der Boten greift der Text die lückenhafte Aktenlage des tatsächlichen Gerichtsprozess von 1948 auf, in dem die vernommenen Zeugen die Geschehnisse der Mordnacht teils sehr unterschiedlich schilderten und zur Aufklärung des Verbrechens nur wenig beitrugen. Doch im Gegensatz zu den vernommenen Personen im Gerichtsprozesses behaupten die Boten in Jelineks Theatertext nicht, die Wahrheit zu sagen. „Ich soll ja nur ausrichten. Ich kann nicht sagen, was sein wird, nur, was ich gesehen habe. Nicht, was wahr ist."[22] In einer immer wiederkehrend geäußerten Selbstreflexion machen die Boten ihren Standpunkt als übermittelnde Instanzen deutlich. Der Inhalt der Aussage ist damit vom sprechenden Individuum gelöst, womit Distanz zum Geäußerten hergestellt wird. So geben die Boten die Sprache ihrer Übermittler zwar ungefiltert wieder und wiederholen damit die Lügen, jedoch bringen sie auch im selben Zuge die dahintersteckenden manipulativen Mechanismen zum Vorschein. Aus sprechakttheoretischer Sicht wird der eigentlich im Verborgenen gehaltene illokutionäre Akt des Lügens in der Botenrede zur explizit performativen Äußerung[23]. Die Ungereimtheiten und Manipulationen derer, für die die Boten sprechen, werden dadurch entlarvt und der Prozess des Vertuschens offengelegt. „Wir stimmen die Geschichte mit uns ab. Unsere Aussagen sollen ja stimmen, und sie sollen übereinstimmen."[24]

Dementsprechend wird einmal mehr deutlich, dass Jelineks Theatertext kein Versuch ist, die Aufklärung des Verbrechens voranzutreiben, sondern gerade mit dem Nicht-Erfüllen einer solchen Erwartung auf sprachlicher Ebene spielt. Jelineks dichte Text- bzw.

21 Jelinek, Rechnitz. 2012, S. 153.

22 Ebd., S. 186.

23 Vgl. Austin, John L.: How to Do Things with Words (dt. Zur Theorie der Sprechakte), Reclam, Stuttgart 1972, S. 52–55.

24 Jelinek, Rechnitz. 2012, S. 64.

„Sprachflächen"[25] verknüpfen Gerüchte, Fakten, Spekulationen und Halbwahrheiten miteinander. Die Äußerungen der Mörder und der Zeitzeugen sowie der Nachfolgegenerationen werden zum sezierten und bloßgestellten Ausstellungsstück. So reden sich etwa die Boten im Gegensatz zum tatsächlichen Personenkreis regelrecht um Kopf und Kragen und produzieren – wie es Monika Meister nennt – „eine vielfach von divergentem Assoziationsmaterial durchbrochene Sprech-Partitur"[26]. Die Boten brechen als stellvertretende Instanzen das Schweigen der Beteiligten, aber auch das der Dorfbewohner und letztendlich der gesamten Gesellschaft. Dem Text ist damit eine schonungslose Kritik an allen inhärent, die für das Verbrechen und für das anschließende Schweigen verantwortlich sind. *Rechnitz (Der Würgeengel)* entlarvt das Massaker als ein gesellschaftliches Versagen, das sich über alle Schichten der Gesellschaft und über einen Zeitraum von mehr als 60 Jahren erstreckt.

Wie vielschichtig das historische Lügengeflecht ist und wie tief es in die Gesellschaft greift, spiegelt sich in dem durch die Boten zum Ausdruck gebrachten Stimmenkonglomerat wider. So kommen indirekt die Mörder zu Wort, die ihre Taten bagatellisieren: „Selbst schuld, die blöden Toten – was haben die auch keine Stimme zum Befehlen und keine Kräfte zum Gehorchen? Ach was, wir hätten sie sowieso umgebracht, egal, wieviel Leben noch in ihnen war, das mußte alles weg"[27]. Aber auch die große schweigende Masse findet Gehör, die die Mitschuld an dem Verbrechen von sich weist. „Wir haben auch

25 Vgl. Schößler, Franziska: Dramatik/Postdramatik, Theatralität und Installation: Elfriede Jelineks begehbare Landschaften, S. 3, https://fpjelinek.univie.ac.at/fileadmin/user_upload/proj_ejfz/PDF-Downloads/Schößler.pdf (Zugriff am 29.9.2018)

26 Meister, Monika: Jelineks Botenbericht und das Orgiastische. Anmerkungen zum Text Rechnitz (Der Würgeengel). In: Die endlose Unschuldigkeit. Elfriede Jelineks *Rechnitz (Der Würgeengel)*, hg. von Pia Janke u. a. Wien: Preasens Verlag, 2010, S. 278–288, hier: S. 280.

27 Jelinek, Rechnitz. 2012, S. 67.

gelitten, und das nicht zu knapp! Wie waren die Knappen des wütenden Reichs!“[28] Zu den Stimmen aus der Vergangenheit gesellen sich die aus der Gegenwart, doch auch die Nachfolgegenerationen verweigern die Übernahme jeglicher Verantwortung: „Wir hätten nicht geglaubt, daß man uns typische Nachgeborenenfragen stellen würde. Aber wir haben jetzt schon vor, uns gegen die moralische Überheblichkeit der Nachwelt zu wenden.“[29]

3.

Die Boten holen die im Zusammenhang mit der Mordnacht stehenden Stimmen aus dem Verborgenen heraus, machen sie im Theatergeschehen hörbar und erweitern damit den Kreis der Mitwissenden. Der Adressat:innen der Botschaft sind die Zuschauenden, die durch die Boten im Moment der Bühnenrealisierung mit dem Massaker konfrontiert wird. Die Vergegenwärtigung der Täter:innen und deren Morde sowie der Opfer und deren Leids lässt ein kathartisches Potential entstehen, welches das Publikum – gemäß Lessings Übersetzung des aristotelischen Begriffspaares „eleos“ und „phobos“ aus seiner *Hamburgischen Dramaturgie* folgend – von Furcht und Mitleid reinigen und es zu moralisch und ethisch handelnden Menschen erziehen könnte[30]. Jedoch zerstört der Text die kathartische Wirkung bereits in dem Moment, in dem sie potenziell entsteht, womit der kontroverse Diskurs über diesen Begriff angesichts der Komplexität des zeitgenössischen Theaters fortgesetzt wird. Dreh- und Angelpunkt zur Verhinderung der Katharsis stellt die Instanz der Boten dar. Denn sie sind weder tra-Einen festengische Figuren, die eine Identifizierung des Publikums und damit ein Mitleiden herstellen könnten, noch geben sie in ihren

28 Ebd.
29 Ebd., S. 81.
30 Vgl. Vellusig, Robert: Lessing und die Folgen. Berlin: Metzler, 2023, S. 95.

Botenreden eine Möglichkeit zur Identifizierung mit den Opfern des Massakers. Denn zentral ist hier der Diskus über die Morde aus Täterperspektive, die Stimmen der Ermordeten kommen nicht zu Wort und ihr Leid findet kaum Erwähnung. Es wird lediglich über sie gesprochen, wodurch die Opfer in einer unnahbaren und fremdbestimmten Position verbleiben, eine Ermächtigung in einen Subjektstatus mit eigenen Mitteilungsmöglichkeiten und eigener (Bühnen-)Präsenz ist nicht gegeben, was jegliche Identifizierung und Annährung seitens des Publikums verhindert.
In der Konzeption des Textes scheint daher ein anderer Ansatz von Katharsis vielversprechender zu sein: die psychoanalytische Methode nach Josef Breuer und Sigmund Freud[31]. Der von Breuer in Zusammenarbeit mit Freud definierten „kathartischen Methode" liegt die These zugrunde, dass durch das Erzählen und ein damit einhergehendes erneutes Durchleben von Traumata eine Abreaktion von Affekten stattfinde, infolgedessen alte Spannungen (Affekte) sich entladen und Neurosen geheilt werden könnten. So könnte durch die in *Rechnitz (Der Würgeengel)* unausweichlich werdende Präsenz des Stimmengeflechts über das Verbrechen das kollektiv Verdrängte aus dem Unbewussten ins Bewusstsein befördert und ein Denkprozess auf Seiten der Rezipienteninstanz eingeleitet werden. Diesem Ansatz folgend würde sich das Durchbrechen des Schweigens über das Massaker, was in der Botenrede erfolgt, als ein heilsamer Weg erweisen, der, wenn auch nicht mehr die Täter, dann aber doch die „kollektive Seele" der Nachfolgegenerationen reinigt. Denn anstelle derer, die nicht sprechen wollten, begehen die Boten den Weg der Verarbeitung und machen das Publikum zum passiven Begleiter.

31 Als Paradebeispiel einer solchen Heilung durch die „kathartische Methode" ist Breuers Patientin Berta Pappenheim Anna O. zu nennen, deren „hysterische" Symptome mithilfe dieser Methode aufgelöst wurden. Die Wirksamkeit für diese isolierte Methode ist bis heute jedoch nicht ausreichend belegt. (Vgl. Freud, Sigmund; Breuer Josef: Studien über Hysterie. Leipzig, Wien: Franz Deuticke, 1895, Neudruck: 6. Auflage. Fischer, Frankfurt a. M. 1991, S. 20–25.)

Die Boten auf der Bühne konfrontieren sich durch ihre Rede mit den traumatischen Geschehnissen und setzen sich mit dem Verbrechen auseinander. Jedoch kann diese „Reinigung", wenn überhaupt, dann nur partiell erfolgen. Denn bei den Boten handelt es sich weder um Augenzeug:innen noch um die Täter:innen selbst. Es sind also nicht die eigenen Traumata der Sprechenden, die einer Verarbeitung und Aufarbeitung unterzogen werden. Die tatsächlichen Geschehnisse verbleiben weiterhin im kollektiven Unbewussten, wo sich durch Verdrängung „Gesellschaftsneurosen" entwickeln.

Eine dieser Neurosen, die auch im Text explizit thematisiert wird, ist der von dem Philosophen Hermann Lübbe geprägte Begriff des deutschen „Sündenstolzes"[32], der ein scheinbares Anerkennen der Schuld und ein offenes Sprechen über die NS-Zeit bezeichnet. Jedoch ist mit diesem Ausdruck nicht Reue oder Sühne gemeint, sondern das genaue Gegenteil. Der Begriff beschreibt eine ausufernde und nur scheinbar getätigte Vergangenheitsbewältigung, Scham und Schuld kippen hier in selbstwertsteigernde Gefühle wie Stolz und Selbstgefälligkeit. Auch Jelineks Boten greifen den Diskurs des Sündenstolzes auf:

> Aber ich kann es Ihnen nun endlich sagen, egal, was ich vorher gesagt habe: Ich bin stolz darauf, Deutscher zu sein! Wir Deutschen unter unseren Duschen, den echten Duschen natürlich, sollten endlich wieder Mut zu einem starken Nationalgefühl haben, wir sollten es so ordentlich tuschen lassen.[33]

Das Konzept des „Sündenstolzes" bestätigend, vollzieht sich auch bei den durch die Boten zu Wort kommenden Individuen kein Sin-

32 Lübbe, Hermann: Schuldbekenntnis international. Das neue politische Bußritual, https://www.wissenschaft.de/magazin/weitere-themen/schuldbekenntnisse-international/ (Zugriff am 29.02.2024)

33 Jelinek, Rechnitz. 2012, S. 80.

neswandel. Die reinigende Wirkung des Sprechens wird als Heuchelei entlarvt, sodass sich in *Rechnitz* sowohl das Schweigen als auch das Sprechen als nicht funktionierende Methoden einer „Reinigung“ und damit nachhaltigen Vergangenheitsbewältigung und -aufarbeitung erweisen.

In Jelineks Text wird dieses Scheitern etwa mit der Verwendung von bestimmten Stereotypisierungen der „Deutschen“ und der „Österreicher“ dargestellt, die durch ironisierende Zuspitzungen ad absurdum geführt werden. So differenzieren die Boten zwischen den beiden Nationalitäten und führen aus, dass dem Österreicher der Deutsche gegenübersteht,

> der sich alles merkt und es immer wieder aufsagt und es wieder aufrollt, damit er es nicht vergißt. Damit der Teppich sich endlich einmal selber vor ihm in den Staub wirft. Der Deutsche merkt sich aber auch alles, und er merkt sich alles, er merkt sich zum Beispiel jeden Urlaubsort, an dem es schön war, so schön, daß er gern ewig dort bleiben würde [...]. Der Ösi hingegen vergißt immer alles, er vergißt aber nicht, daß er prinzipiell dagegen ist, etwas zu vergessen. Das ist Arbeitsteilung.[34]

Wo der Österreicher schweige, da spreche der Deutsche, aus der Vergangenheit lernten jedoch beide nicht. In Jelineks Text sind Sprechen und Schweigen beides Möglichkeiten der Vertuschung und des Verbergens, und demnach zwei Seiten ein und derselben heuchlerischen Medaille.

Im Epilog, welcher den Theatertext nach den Botenberichten beschließt, wird das zu Verbergende zu einer völligen Auslöschung des Gesagten potenziert. Jelinek greift hier auf ein Bild zurück, welches in der Theatertradition der Nachkriegszeit als symbolische Verkörperung der NS-Täter fungierte: der Kannibale. So übernehmen auch in *Rechnitz (Der Würgeengel)* die endgültige Vernichtung des Textes und des Verbrechens zwei Kannibalen, die sich zuerst die Opfer einverleiben, woraufhin der eine den anderen verspeist. Der

34 Ebd., S. 87.

Text endet demnach mit einer Metapher für den Massenmord und hinterlässt das, was auch die tatsächlichen Täter:innen bislang hinterlassen haben: nichts. Janke fasst es treffend zusammen: „Jelinek zeigt, dass keinerlei Erkenntnis aus der Vergangenheit für die Gegenwart und Zukunft gezogen wurde und dadurch alle Zeiten eins – und damit nichts – werden."[35]

35 Janke, Herrschsucht, ja, haben wir. 2010, S. 252.

Auswahlbibliographie zu den Beiträgen des Bandes

Aristoteles: Poetik. [übers. von Manfred Fuhrman] Stuttgart: Reclam 1994.

Arystoteles: Retoryka-Poetyka. [übers. von Henryk Podbielski] Warszawa: Polskie Wydawnictwo Naukowe 1988.

Austin, John L.: How to Do Things with Words (dt. Zur Theorie der Sprechakte). Stuttgart: Reclam 1972.

Avdeev, Philipp: Je traversais une crise profonde, 'Le Moine Noir' a eu un très profond écho en moi. In: Le Monde (02.07.2022).

Barthes, Roland: Ich habe das Theater immer sehr geliebt, und dennoch gehe ich fast nie mehr hin. Schriften zum Theater. [hg. von Jean-Loup Rivière u. übers. von Dieter Hornig] Berlin: Alexander 2002.

begehbare Landschaften. https://fpjelinek.univie.ac.at/fileadmin/user_upload/proj_ejfz/PDF-Downloads/Schößler.pdf (Zugriff am 29.09.2018).

Biet, Christian; Triau, Christophe: Qu'est-ce que le théâtre? Paris: Gallimard 2006.

Blatman, Daniel: Die Todesmärsche 1944/45. Das letzte Kapitel des nationalsozialistischen Massenmordes. Reinbeck bei Hamburg: Rowohlt Verlag 2011.

Brook, Peter: The open door. Thoughts on Acting and Theatre. New York: Anchor Books 2005.

Canaris, Johanna: Mythos Tragödie. Zur Aktualität einer theatralen Wirkungsweise. Bielefeld: transcript 2012.

Childs, Peter; Fowler, Roger (Hg.): The Routledge Dictionary of Literary Terms. New York: Routledge 2006.

Chirš, Marianna (= Hirsch, Marianne): Pokolenie postpamjati: Pis'mo i vizual'naja kul'tura posle Cholokosta. Moskau: Novoe izdatel'stvo 2021.

Clements, Barbara Evans; Friedman, Rebecca; Healey, Dan (Hg.): Russian Masculinities in History and Culture. Basingstoke: Palgrave 2002.

Das Freie Werkstatt Theater Köln: „Ausgetrickst" (2016). https://www.youtube.com/watch?v=LtPhoF2PqsI (Zugriff am 05.03.2024).

Die Chronik des Altentheaters des FWT, https://altentheater.de/chronik/ (Zugriff am 05.03.2024).

Ebbinghaus, Andreas: Don Juan, Mozart, Salieri und ein Gelage während der Pest. Alexander Puschkins Dramatische Szenen und ihre westeuropäischen Stoffe. Würzburg: Königshausen & Neumann 2020.

Eisenach, Alexander: Anthropos, Tyrann (Ödipus). https://www.rowohlt-theater verlag.de/theaterstueck/anthropos-tyrann-oedipus-998 (Zugriff am 21.07.2024).

Englhart, Andreas: Theater in der Krise oder Krisentheater? Klimawandel und Engagement in Thomas Köcks Klimatrilogie. In: Das moderne Theater in Österreich. Trends – Ideen – Fragestellungen. Hg. von Krzysztof Tkaczyk. Berlin: Peter Lang 2021, S. 61–74.

Etkind, Alexander: Warped Mourning: Stories of the Undead in the Land of the Unburied. Stanford. California: Stanford University Press 2013.

Evdokimova, Svetlana (Hg.): Alexander Pushkin's Little Tragedies. The Poetics of Brevity. Madison: University of Wisconsin Press 2003.

Fischer-Lichte, Erika: Ästhetik des Performativen. Frankfurt a. M.: Suhrkamp 2004.

Fischer, Karin: Macbeth als Männerrunde. Deutschlandfunk 2005. https://www.deutschlandfunk.de/macbeth-als-maennerrunde-100.html (Zugriff am 06.03.2024).

Flashar, Hellmut: Aristoteles. Lehrer des Abendlandes. München: C. H. Beck 2013.

Freud, Sigmund; Breuer, Josef: Studien über Hysterie. Leipzig, Wien: Franz Deuticke 1895, Neudruck: 6. Auflage. Frankfurt a. M.: Fischer 1991.

Fricke, Hannes: Das hört nicht auf. Trauma, Literatur und Empathie. Göttingen: Wallstein 2004.

Fuhry, Natalia: Die Stimmen sind das Theater: der theatrale Hör-Raum in den Stücken von Elfriede Jelinek. In: Raumformen in der Gegenwartsdramatik. Hg. von Paul Martin Langner und Agata Mirecka. Frankfurt a. M.: Peter Lang 2017, S. 69–83.

Gabowitsch, Mischa: Putin kaputt!? Russlands neue Protestkultur. Frankfurt a. M.: Suhrkamp 2013.

Girshausen, Theo: Katharsis [Art.]. In: Metzler Lexikon Theatertheorie. Hg. von Erika Fischer-Lichte, Doris Kolesch und Matthias Warstat. 2. aktualisierte u. erweiterte Aufl. Stuttgart, Weimar: Metzler 2014, S. 174a–181a.

Gödde, Günter: Therapeutik und Ästhetik – Verbindungen zwischen Breuers und Freuds kathartischer Therapie und der Katharsis-Konzeption von Jacob Bernays. In: Grenzen der Katharsis in den modernen Künsten. Hg. von Martin Vöhler und Dirck Linck, Berlin: Walter De Gruyter 2009, S. 63–91.

Golden, Leon: The Clarification Theory of Katharsis. In: Die Aristotelische Katharsis: Dokumente ihrer Deutung im 19. Und 20. Jahrhundert. Hg. von Matthias Luserke, Hildesheim, Zürich, New York: Georg Olms Verlag 1991.

Gospodarczyk, Joanna: Zwischen Nähe und Distanz – Zur Rezeption des Theaters von Martin Crimp in Deutschland. Dissertation [Manuskript], Jagiellonen Universität Krakau 2024.

Groth, Christian: Pforzheim – 23. Februar 1945. https://langzeitarchivierung.bib-bvb.de/wayback/20121004142739/http:/www.bombenkrieg.historicum-archiv.net/themen/pforzheim.html (Zugriff am 19.10.2022).

Hansen, Simon: Nach der Postdramatik. Narrativierendes Text-Theater bei Wolfram Lotz und Roland Schimmelpfennig. Bielefeld: transcript 2021.

Heinz, Andrea: Untergang live und in Farbe. In: Nachtkritik. 19.02.2021 https://nachtkritik.de/nachtkritiken/deutschland/berlin-brandenburg/berlin/volksbuehne-am-rosa-luxemburg-platz-berlin/anthropos-tyrann-oedipus-volksbuehne-berlin-alexander-eisenach-und-das-theater-des-anthropozaen-bringen-die-klimakatastrophe-brutal-nahe (Zugriff am 21.07.2024).

Hirsch, Marianne: The Generation of Postmemory. Writing and Visual Culture after the Holocaust. New York: Columbia University Press 2012.

Huss, Bernhard: Die Katharsis, Jean Racine und das Problem einer ‚tragischen Reinigung' bei Hofe. PhiN 49/2009: 35, München.

Jampol'skij, Michail: Park Kul'tury. Kul'tura i nasilie v Moskve segodnja. Moskau: Novoe Izdatel'stvo 2018.

Janke, Pia; Kovacs, Teresa; Schenkermayr, Christian: Intro. In: Die endlose Unschuldigkeit. Elfriede Jelineks Rechnitz (Der Würgeengel), hg. von Pia Janke, Teresa Kovacs, Christian Schenkermayr, Wien: Preasens Verlag 2010, S. 9–10.

Janke, Pia: „Herrschsucht, ja, haben wir." Die Täter in Elfriede Jelineks Rechnitz (Ein Würgeengel). In: Die endlose Unschuldigkeit. Elfriede Jelineks Rechnitz (Der Würgeengel), hg. von Pia Janke, Teresa Kovacs, Christian Schenkermayr, Wien: Preasens Verlag 2010, S. 239–254.

Jelinek, Elfriede: Ein Zwischenfall. In: Der Fall Rechnitz. Das Massaker an Juden im März 1945, hg. von Walter Manoschek, Wien: Braumüller 2009, S. 1–4.

Jelinek, Elfriede: Lärm. Blindes sehen, Blinde sehen. In: Theater heute (Beilage) Reinbek bei Hamburg: Rowohlt Verlag 2021.

Jelinek, Elfriede: Rechnitz (Der Würgeengel). In: Drei Theaterstücke. Reinbek bei Hamburg: Rowohlt Verlag 2012, S. 53–205.

Jens, Walter: Der Untergang. Nach den Troerinnen des Euripides. München: Kindler 1982.

Joerden, Klaus: Troades [Art.]. In: Kindlers Literaturlexikon. [3., völlig neu bearbeitete Auflage] Hg. von Heinz Ludwig Arnold. Stuttgart, Weimar: Metzler 2009, S. 330b–331b.

Kissel, Wolfgang Stephan: Der Kult des toten Dichters und die russische Moderne: Puškin – Blok – Majakovskij. Wien: Böhlau 2004.

Kissel, Wolfgang Stephan: Dostoevskij und das deutsche Theater der Gegenwart: Potentiale – Probleme – Perspektiven. In: Jahrbuch der Deutschen Dostojewskij-Gesellschaft. 23, 2016, Berlin 2018, S. 125–146.

Kissel, Wolfgang Stephan: Vom *Tag der Großen Oktoberrevolution* zum *Tag des Sieges*: Genese und Kontinuität eines totalitären Gedächtnisses in der Sowjetunion und der Russischen Föderation (1917-2022). In: Anzeiger für Slavische Philologie XLIX 2021, S. 9–41.

Köck, Thomas *forecast: ödipus living on a damaged planet* (τύφλωσις, II). In: Beiheft zu Theater heute, 7/2023.

Kuschel, Karl-Josef: Walter Jens: Literat und Protestant. Düsseldorf: Patmos 2003.

Langner, Paul Martin: Aspekte der Rezeption des Katharsis-Begriffs zwischen 1750 und 1830. In: In gebrochener Synthese. Beiträge zur Literatur, Kultur und Sprache. Festschrift für Prof. Dr. habil. Klaus Hammer. Hg. von Barbara Widawska und Mariola Smolińska. Słupsk: Wydawnictwo Naukowe Akademii Pomorskiej 2009, S. 39–47.

Langner, Paul Martin: Von der gelungenen Zeichnung zur Trade Mark. Von der Wiederholung der Zeichen. In: Von dem Glück, Janosch gekannt zu haben. Literarische Wurzeln der Identität. Hg. von Angela Bajorek. Wrocław: Oficyna Wydawnicza 2017, S. 261–268.

Langner, Paul Martin: Wiederholungen als künstlerisches Strukturelement. Zum Verhältnis von Wiederholungen und Singularität. In: Wiederholung im Theater. Zur deutschsprachigen Gegenwartsdramatik und ihrer Inszenierung. Hg. von Paul Martin Langner, Anna Majkiewicz, Agata Mirecka. Göttingen: Vandenhoeck & Ruprecht 2021, S. 11–24.

Lehmann, Hans-Thies: Postdramatisches Theater. Frankfurt a.M.: Verlag der Autoren 2011.

Lehmann, Hans-Thies: Tragödie und dramatisches Theater. Berlin: Alexander Verlag 2013.

Litchfield, David R. L.: Die Gastgeberin der Hölle. Massaker von Rechnitz. http://www.faz.net/aktuell/feuilleton/debatten/massaker-von-rechnitz-die-gastgeberin-der-hoelle-1490489.html (Zugriff am 29.8.2018).

Lübbe, Hermann: Schuldbekenntnis international. Das neue politische Bußritual. https://www.wissenschaft.de/magazin/weitere-themen/schuldbekennt nisse-international/ (Zugriff am 29.02.2024).

Luserke, Matthias (Hg.): Die Aristotelische Katharsis. Dokumente ihrer Deutung im 19. und 20. Jahrhundert. Hildesheim, Zürich, New York: Georg Olms 1991.

Manoschek, Walter: Nationalsozialistische Moral, situativer Rahmen und individuelle Handlungsspielräume als konstitutive Elemente bei der Vernichtung von Juden. In: Der Fall Rechnitz. Das Massaker an Juden im März 1945, hg. von Walter Manoschek, Wien: Braumüller 2009, S. 5–28.

Mauthner-Weber, Susanne: Warum es so schwierig ist, das Massengrab von Rechnitz zu finden. Archäologen, Historiker und Archivare haben sich zusammengetan, um dem Grab von 200 NS-Opfern auf die Spur zu kommen. Und scheiterten – vorerst, https://kurier.at/wissen/wissenschaft/warum-es-so-schwer-ist-das-massengrab-von-rechnitz-zu-finden/401380262 (Zugriff am 04.03.2024).

Meister, Monika: Jelineks Botenbericht und das Orgiastische. Anmerkungen zum Text Rechnitz (Der Würgeengel). In: Die endlose Unschuldigkeit. Elfriede Jelineks Rechnitz (Der Würgeengel), hg. von Pia Janke, Teresa Kovacs, Christian Schenkermayr, Wien: Preasens Verlag 2010, S. 278–288.

Metzler Literatur Lexikon. Begriffe und Definitionen. Hg. von Günther und Irmgard Schweikle, Stuttgart: J. B. Metzler 1990.

Mirecka, Agata: Schreiben auf der Bühne bei Roland Schimmelpfennig. Rezeptionsästhetische Aspekte und New Philology als Metapher der Dokumentation der deutschen dramatischen Gegenwartsliteratur. Paderborn: Brill Fink 2022.

Mitosek, Zofia: Teorie badań literackich. Warszawa: Wydawnictwo Naukowe PWN 2012.

Nioduschewski, Anja: Ich Suche keine Lösung, ich suche Probleme, Thomas Köck. In: Stück-Werk 6. Neue deutschsprachige Dramatik im Porträt. Berlin: Theater der Zeit S. 66.

Norma Köhler: Biografische Theaterarbeit zwischen Kollektiver und individueller Darstellung: ein theaterpädagogisches Modell. München: kopaed 2017.

Olof, Gigon: Einleitung zur Poetik von Aristoteles. In: Aristoteles: Poetik. Stuttgart: Reclam 1975.

Paech, Joachim: Dargestelltes Trauma – Trauma der Darstellung. In: Rendezvous mit dem Realen. Die Spur des Traumas in den Künsten. Hg. von Aleida Assmann, Karolina Jeftic, Frederike Wappler. Bielefeld: transcript 2014 (= Erinnerungskulturen 4), S. 37–59.

Pfister, Manfred: Das Drama. München: Wilhelm Fink 2001.

Platt, Jonathan Brooks: Greetings, Pushkin! Stalinist Cultural Politics and the Russian National Bard. Pittsburgh: University of Pittsburgh Press 2016.

Raab, Harald: Sound of extinction, Und alle Tiere rufen: dieser Titel rettet die Welt auch nicht mehr - Kunstfest Weimar. In: Nachtkritik. 28.08.2021 https://nachtkritik.de/nachtkritiken/deutschland/thueringen/weimar/kunstfest-weimar/und-alle-tiere-rufen-dieser-titel-rettet-die-welt-auch-nicht-mehr-kunstfest-weimar-thomas-koeck-neues-stueck-haelt-ein-requiem-auf-die-ausloeschung-der-arten (Zugriff am 21.07.2024).

Riegler, Thomas: Tragik und Katharsis in den Melodramen Crash und Babel. In: Hamilton, Christopher; Schweiger, Gottfried; Sedmak, Clemens (Hg.): das tragische begreifen. Hamburg: Verlag Dr. Kovac 2010.

Sapper, Manfred; Weichsel, Volker (Hg.): Spektralanalyse. Homosexualität und ihre Feinde. In: Osteuropa 10, 2013.

Schadewaldt, Wolfgang: Furcht und Mitleid? Zur Deutung des Aristotelischen Tragödiensatzes. In: Hellas und Hesperien. [Bd. 1, Gesammelte Schriften zur Antike und zur neueren Literatur in zwei Bänden], Zürich Stattgart: Artemis Verlag 1970, S. 194–236.

Schechner Richard: Performance Theory. London, New York: Routledge 2003.

Schmid, Ulrich: Technologien der Seele. Vom Verfertigen der Wahrheit in der russischen Gegenwartskultur. Frankfurt a. M.: Suhrkamp 2015.

Schößler, Franziska, Dramatik/Postdramatik, Theatralität und Installation: Elfriede Jelineks begehbare Landschaften. S. 3. https://fpjelinek.univie.ac.at/fileadmin/user_upload/proj_ejfz/PDF-Downloads/Schößler.pdf (Zugriff am 20.03.2025).

Schößler, Franziska: Einführung in die Dramenanalyse. Weimar: Verlag J. B. Metzler 2012.

Seeliger, Anja: Die FAZ, die Bild und das Massaker von Rechnitz https://www.perlentaucher.de/link-des-tages/die-faz-die-bild-und-das-massaker-von-rechnitz.html (Zugriff am 30.8.2018).

Seidensticker, Bernd: Die Grenzen der Katharsis. In: Grenzen der Katharsis in den modernen Künsten. Transformationen des aristotelischen Modells seit Bernays, Nietzsche und Freud. Hg. von Martin Vöhler und Dirck Linck, Berlin: De Gruyter 2009, S. 3–20.

Sosnowski, Leszek: Emocjonalizm Arystotelesa i znaczenie pojęcia katharsis. Estetyka i krytyka 21 (2/2011), S. 139–149.

Stadelmaier, Gerhard; Hamilton, Anne: Regisseurstheater. Auf den Bühnen des Zeitgeists. Springe: zu Klampen Verlag 2016.

Stegemann, Bernd: Kritik des Theaters. Berlin: Theater der Zeit 2013.

Stemann, Nicolas: Wir sind Ödipus. Überlegungen zum politischen Theater der Gegenwart. In: Theater heute, 3/2016, S. 36.

Tadeusz Kantor – Documentario, https://www.youtube.com/watch?v=BfNigfyRfaw (Zugriff am 20.03.2025).

Thebe, Johanna: „Theater hat dort gewonnen, wo es keine Lösung mehr weiß." Thomas Köck über das politische Schreiben für das Theater https://www.schauinsblau.de/theater-hat-dort-gewonnen-wo-es-keine-loesung-mehr-weiss-schriftliches-gespraech-mit-thomas-koeck-zum-politischen-schreiben-fuer-das-theater/ (Zugriff am 21.07.2024).

Ullmann, Katrin: Tänzchen und Täubchen, Die Rache der Fledermaus – Thalia Theater Hamburg. In: Nachtkritik 25.11.2022. https://nachtkritik.de/nachtkritiken/deutschland/hamburg-schleswig-holstein/hamburg/thalia-theater-hamburg/die-rache-der-fledermaus-thalia-theater-hamburg-anna-sophie-mahler-laesst-dystopiedramatiker-thomas-koeck-auf-walzerkoenig-johann-strauss-los (Zugriff am 21.07.2024).

Vellusig, Robert: Lessing und die Folgen. Berlin: Metzler 2023.

Vöhler, Martin; Linck, Dirck (Hg.): Grenzen der Katharsis in den modernen Künsten. Transformationen des aristotelischen Modells seit Bernays, Nietzsche und Freud. Berlin: De Gruyter 2009.

von Schirach, Ferdinand: Terror. München: Btb Verlag 2016.

Wald, Christina: Europas Widergänger und die postkoloniale Politik der Toten. Thomas Köcks antigone. Ein requiem und Magnet Theaters Antigone (not quite/quiet). In: Die Politik der Toten: Figuren und Funktionen der Toten in Literatur und Politischer Theorie. Hg. von Marcus Llanque und Katja Sarkowsky. Bielefeld: transcript 2023, S. 189–216.

Warstat, Mathias: Katharsis heute: Gegenwartstheater und emotionaler Stil. In: Grenzen der Katharsis in den modernen Künsten. Transformationen des aristotelischen Modells seit Bernays, Nietzsche und Freud, hg. von Martin Vöhler und Linck Dirk. Göttingen: De Gruyter 2009, S. 349–366.

Warstat, Mathias: Krise und Heilung. Wirkungsästhetiken des Theaters. München: Wilhelm Fink Verlag 2011.

Witt, Sophie: Reinigung der Affekte: Katharsiskonzepte der Literatur. In: Allerkamp, Andrea: Handbuch Literatur Philosophie. Berlin: de Gruyter 2021, S. 221–229.

Yaffa, Joshua: The Rise and Fall of Russia's Most Acclaimed Theater Director. In: The New Yorker, 11 Dezember 2017.

Zdes' i sejčas. Malen'kie tragedii bez Serebrennikova. Telekanal Dozhd, 11.10.2017.

В 'Гоголь-центре' прошла премьера ,Маленьких трагедий' Кирилла Серебренникова. https://www.youtube.com/watch?v=EE-5HkSIxl4 (Zugriff am 31.07.2023).

Die Autorinnen und Autoren des Bandes

Fuhry Natalia, Dr. phil., studierte Literatur- und Kulturwissenschaften, Sprachwissenschaften und Musikwissenschaft in Dortmund und Warschau. Sie promovierte mit einer genderorientierten Untersuchung englischer und deutscher Komödien. Nach ihrer Tätigkeit als Dramaturgin (Theater Augsburg/Opernfestspiele Heidenheim) arbeitet sie seit 2019 als Akademische Rätin für Literatur-/Theaterwissenschaft und Theaterpädagogik an der Pädagogischen Hochschule Ludwigsburg. Aktuelle Publikationen u. a.: *Zwischen Harmonie und Konflikt. Paarbeziehungen im Europäischen Theater des 20. und 21. Jahrhunderts* (Hg. mit Agata Mirecka) (2020); *Repräsentationen von Weiblichkeit – Theater als Verhandlungsraum von Zukunftsentwürfen.* In: Langner, Lind, Mirecka (Hg.): *Zukünftigkeit im zeitgenössischen Drama und Theater. Literatur- und theaterwissenschaftliche Studien.* Brill Fink: Paderborn 2025, 147–158.

Gospodarczyk Joanna, Dr. phil. studierte Germanistik und Linguistik an der Pädagogischen Hochschule und Jagiellonen Universität in Krakau. Mitarbeiterin am Neuphilologischen Institut der Universität der Kommission für Nationale Bildung in Krakau. Sie forscht über das zeitgenössische Drama in Deutschland sowie zu Fragen der Ästhetik in den literarischen Texten. Sie ist Mitherausgeberin des Sammelbandes *Zur Funktion und Bedeutung des Chors im zeitgenössischen Drama und Theater* (Peter Lang 2019). Die letzten Publikationen: *Mein Körper ist mein Zuhause, das Phänomen des Körpers in Olga Tokarczuks ‚Unrast' – ‚Bieguni' und seine Adaptation für die Bühne des Teatr Powszechny in Warschau,* in: Anna Majkiewicz, Agata Mirecka, (Hg.), *Hier ist mein Zuhause* (Harrassowitz Verlag, 2021), *Sprache als Metapher der Maske: Ein Versuch über den Stellenwert der Figuren im Schaffen von Martin Crimp,* in: Paul Martin Langner, Agata Mirecka (Hg.), *Das Phänomen der Liminalität: Masken zwischen Theater- und Literaturwissenschaft,* (Harrassowitz Verlag, 2023).

Kissel Wolfgang Stephan, Prof. Dr. habil. für Kulturgeschichte Ost- und Ostmitteleuropas an der Universität Bremen sowie Gründer (2017) und bis 01.10.2023 Direktor des Instituts für Europastudien. Gastprofessuren führten ihn an die École des hautes études en sciences sociales in Paris (2006) und nach Paris VIII

(2007) sowie an die Higher School of Economics in Moskau (2017/2018). Für seine Studien zur historischen Semantik des russischen Zivilisationsbegriffs erhielt er das Opus magnum-Stipendium der VW-Stiftung (2011/12). Er leitete das DFG-Projekt „Russische Erinnerungsliteratur und die Zivilisationsbrüche des 20. Jahrhunderts" (2001–2004) und wirkte als Ko-Leiter eines VW-Projekts zur komparatistischen Reiseliteraturforschung (2003-2006). Sein Schriftenverzeichnis umfasst über 120 Publikationen zu folgenden Forschungsschwerpunkten: Zivilisationstheorie und Zivilisationssemantik, russische, polnische und serbische Literatur und Kultur des 18.–20. Jahrhunderts, russische Autobiographik und Memoirenliteratur, Lagerliteratur, Exilliteratur, slavische Orientalismen, komparatistische Themen mit Schwerpunkt Russland, Frankreich, England sowie europäische Erinnerungskulturen im Vergleich.

Langner Paul Martin, Prof. Dr., Professor für deutsche Literaturgeschichte an der Universität Opava in Tschechien, studierte Literaturgeschichte, Philosophie und Theatergeschichte in Münster und Berlin, nach der Promotion als Organisator und Manager kultureller Projekte und Organisationen in Schleswig-Holstein, Berlin und Potsdam tätig, Präsident der Friedrich-Hebbel-Gesellschaft e.V. (Wesselburen), Hauptforschungsgebiete: Literaturhistorische Areastudies, narrative und performative Strukturen mittelalterlicher Texte, Strukturen des modernen Dramas und Studien zu ausgewählten Autoren der jüngeren Vergangenheit sowie Analysen und Grundlagenforschung zu Friedrich und Christine Hebbel. Auswahl der Publikationen: *Annäherung ans Fremde durch sprachliche Bilder. Die Region Polen und ihre Ritter in Dichtungen des Hochmittelalters.* Berlin: 2018; *Krisen mit Fragmenten. Zeitgenössisches Theater als Ausdruck des Fragments, dargestellt am Beispiel von Verrücktes Blut von Nurkan Erpulat und Jens Hillje.* In: *Theater und Krise. Paradigmen der Störung in Dramentexten und Bühnenkonzepten nach 2000.* (Hg.): Marta Famula und Verena Witschel. Paderborn, Brill Fink 2022, S. 204–219; „…und *hätte nicht die gütige Natur ihm eine Portion Humor mit auf dem Weg gegeben – er wäre darin zu Grunde gegangen." Eine Anregung zu Hebbels Gedicht Die Erde und der Mensch (1848)* In: Hebbel-Jahrbuch 77/2022, (Hg.): Martin Langner und Hargen Thomsen, Heide, Boyens Buchverlag 2022, S. 7–38; *Fortschreiben und Auslöschen mythologischer Kontexte in der Nibelungen-Trilogie Friedrich Hebbels.* In: *Drama, Mythos und Geschichte Zu Mythoskonzeptionen in den Dramen Friedrich Hebbels.* (Hg.) Martin-M. Langner. (= Analysen und Ergebnisse der Hebbelforschung. 1) Berlin, Weidler-Buchverlag 2021, S. 21–33; *Artus.* In: Mittelalterrezeption im Musiktheater. Ein stoffgeschichtliches Handbuch. Hg. Christian Buhr u. a. Berlin/Boston, W. de Gruyter 2021, S. 275–286; *Wiederholung als künstlerisches Strukturelement. Zum Verhältnis von Wiederholung und Singularität.* In: *Wiederholung im Theater. Zur deutschspra-*

chigen Gegenwartsdramatik und ihrer Inszenierung. (Hg.) Paul Martin Langner, Anna Majkiewicz und Agata Mirecka. Göttingen, Vandenhoeck/Ruprecht 2021, S. 11–24; *„Das Wissen um unseren Tod macht uns ruhelos…" Gemeinschaft, Macht und Tod in dem Theaterstück „Die Ritter der Tafelrunde" von Christoph Hein.* In: *Inseln der Hoffnung – Literarische Utopien in der Gegenwart.* (Hg.) Hans-Christian Stillmark und Sarah Pützer. Berlin, Weidler-Buchverlag 2018, S. 12–27.

Lind Julia, Dr. phil., studierte Theaterwissenschaft und Germanistik an der Johannes Gutenberg Universität Mainz und der Universität Wien. Seit 2016 arbeitet sie als Wissenschaftliche Mitarbeiterin am Bereich Theaterwissenschaft an der JGU Mainz. 2017 schloss sie ihre Promotion *Alfred Matusche und Lothar Trolle – Grenzgänger des DDR-Theaters* (gefördert von der Stiftung Aufarbeitung der SED-Diktatur) ab. Sie forscht, publiziert und hält Seminare zu Theater in der DDR, Theater des Absurden in Ost und West, (Post-)Feministisches Theater und biografisches Theater (Auswahl). Aktuelle Publikationen: *Julia: Ein Trauerspiel in 3 Akten* (1851) in: Paul Martin Langner, Maike Schmidt, Hargen Thomsen (Hg.): *Hebbel-Handbuch. Leben – Werk – Wirkung*, Stuttgart: Metzler (in Vorbereitung, erscheint 2026); Clara-Franziska Petry, Julia Lind, Laura Brechmann (Hg.): *Partizipation, Vermittlung und Ästhetik im (Musik-)Theater für Kinder und Jugendliche. Diskurse zwischen Wissenschaft und Praxis.* (Kinder-, Schul- und Jugendtheater – Beiträge zu Theorie und Praxis 17) Peter Lang Verlag: Frankfurt a. M. 2022. Sie ist Mitherausgeberin des Sammelbands Langner, Lind, Mirecka (Hg.): *Zukünftigkeit im zeitgenössischen Drama und Theater. Literatur- und theaterwissenschaftliche Studien*, Brill Verlag: Paderborn 2025.

Agata Mirecka, Dr. phil., Professorin im Lehrstuhl für deutschsprachige Literatur an der Universität der Kommission für Nationale Bildung in Krakau und vereidigte Dolmetscherin der deutschen Sprache in Polen, studierte Deutsche Philologie an der Jagiellonen Universität, Universität Wien und Masaryk Universität in Brünn. Ihre Dissertation betraf die Prager deutsche Literatur (2009). Im Zentrum ihrer jetzigen Forschungen stehen das Gegenwartsdrama, Literaturästhetik des 20.–21. Jahrhunderts, gegenwärtige literaturtheoretische und theaterwissenschaftliche Ansätze. Sie war und ist an mehreren Projekten zur heutigen Theatersituation und des modernen Dramas leitend beteiligt. Letzte Publikationen: *Die Emballage bei Tadeusz Kantor – eine Öffnung für andere Bedeutung. Masken, die ihr eigenes Leben führen im Sinne von ‚performative turn'.* In: Langner, Paul Martin; Mirecka, Agata (Hg.): *Das Phänomen der Liminalität. Masken zwischen Theater- und Literturwissenschaft.* Harrassowitz Verlag, Wiesbaden 2023, S. 63–80; *Die ‚Störung der Abläufe' und die Einbindung sol-*

cher Störung ins System der postmodernen Gesellschaft. ‚Der neue Prozess' von Peter Weiss. In: Hofmann, Michael; Mirecka, Agata (Hg.): *Störfall Peter Weiss.* Harrassowitz Verlag, Wiesbaden 2023, S. 95–108; *Schreiben auf der Bühne bei Roland Schimmelpfennig. Rezeptionsästhetische Aspekte und New Philology als Metapher der Dokumentation der deutschen dramatischen Gegenwartsliteratur.* BRILL, Paderborn 2022.

Karol Sauerland, Prof. Dr. habil., studierte Philosophie (Humboldt-Universität), abgebrochen aus politischen Gründen, 1958–1963 Mathematikstudium, Mathematikassistent bei Prof. A. Mostowski, 1960–1965 Germanistikstudium, 1970 Dissertation, 1975 Habilitation, 1977–2006 Leiter der Literaturwissenschaftlichen Abt. an der Warschauer Germanistik, zugleich Lehrstuhlinhaber an der Germanistik der Universität Thorn (1979–2006 mit Unterbrechung wegen Zugehörigkeit zur Solidarność), 1980–1990 Vorstandsmitglied der IVG, 1992–2000 Vorsitzender der Philosophischen Gesellschaft in Warschau, 1993–2003 Mitglied der Jury „Europäischer Buchpreis" Leipzig, 1994–2003 und 2007–2016 Mitglied der Jury des Hannah-Arendt-Preises (Bremen), 1994 Wissenschaftskolleg zu Berlin, 1995 Preis der Alexander von Humboldt-Stiftung. 2015 Petöfi-Preis, Budapest. Gastprofessuren ETH-Zürich (1988) Univ. Mainz (1988/89, 1997), FU Berlin (1994), Amiens (2000), Fritz Bauer Institut, Frankfurt a. M. (2003/4), Universität Hamburg (2005/6), Franz-Rosenzweig-Professur Kassel (2008), Professuren an der Universität in Ústí 2009–2011, Częstochowa (2011/12), Akademia Pomorska in Słupsk (2013–2018). Ausgewählte Publikationen: *Diltheys Erlebnisbegriff. Entstehung, Glanzzeit und Verkümmerung eines literaturhistorischen Begriffs*, Berlin, New York 1972; *Einführung in die Ästhetik Adornos*, Berlin, New York 1979; *Od Diltheya do Adorna. Studia z estetyki niemieckiej*, Warszawa 1986; *Polen und Juden zwischen 1939 und 1968. Jedwabne und die Folgen*, Berlin 2004, *Literatur- und Kulturtransfer als Politikum am Beispiel Volkspolens*, Frankfurt a. M., New York, Oxford 2006; *Dreißig Silberlinge. Das Phänomen der Denunziation*, (auch auf Ungarisch und in Polnisch) Frankfurt a. M., Bern, etc. 2012; *Auch eine Literaturgeschichte des achtzehnten Jahrhunderts. Der Aufstieg der deutschen Sprache zu einer Kultursprache*, Berlin 2015; *Mut zum Privaten*, e-book, 2016; *Tagebuch eines engagierten Beobachters*, Dresden 2021; *Mariupol. Reflexionen* über die russische Invasion gegen die Ukraine (hg. mit Detlef Krell), Dresden 2022. Über 300 wissenschaftliche Artikel in verschiedenen Sprachen (vorherrschend Deutsch und Polnisch), 60 Rezensionen, über 100 politische Artikel und Essays (u. a. in der NZZ, FAZ, SZ sowie in polnischen Publikationsorganen), Herausgeber bzw. Mitherausgeber von 20 Sammelbänden.